Barbara Dehnhardt, Andreas Fischer, Ulrike Marotzki,
Christiane Mentrup, Juanita Scheffler

Fachwörterbuch Ergotherapie

Deutsch – Englisch
Englisch – Deutsch

Schulz-Kirchner Verlag

Idstein 2001

Die Deutsche Bibliothek - CIP-Einheitsaufnahme

Ein Titeldatensatz für diese Publikation ist bei der
Deutschen Bibliothek erhältlich.

Besuchen Sie uns im Internet: www.ergotherapie-reha.de

2. , überarbeitete und ergänzte Auflage 2001
ISBN 3-8248-0402-6

Umschlagentwurf: Wipper & Partner GmbH, Karlsruhe
Lektorat: Beate Kubny-Lüke
Druck und Bindung: Rosch-Buch Druckerei GmbH, Scheßlitz
Printed in Germany

Inhalt

Vorwort 7

Zur Verwendung des Wörterbuches 9

Fachwörterbuch Deutsch-Englisch 13

Fachwörterbuch Englisch-Deutsch 105

Englische und amerikanische Abkürzungen 177

Literaturreferenzen 182

Weitere Übersetzungsquellen 183

Vorwort

Dieses deutsch-englische Wörterbuch ergotherapeutisch relevanter Fachbegriffe wurde durch Mitglieder der Arbeitsgruppe Modelle und Theorien (MoTheo) des Deutschen Verbandes der Ergotherapeuten (DVE) erstellt. Mit diesem Werk wurden verschiedene Ziele verfolgt:

1. Mit dieser Arbeit soll deutschen Ergotherapeuten, die sich in die englische Originalliteratur einarbeiten wollen, eine Hilfe an die Hand gegeben werden, durch die eine angemessene Übersetzung der englischen ergotherapeutischen Fachtermini ermöglicht wird, die bisher in der Regel in keinem Wörterbuch verzeichnet sind bzw. in der medizinischen, sozialwissenschaftlichen oder psychologischen Literatur mit zum Teil unterschiedlicher Bedeutung verwendet werden.
2. Die zunehmende Tendenz zur Globalisierung führt auch unter den Ergotherapeuten in Deutschland zu einer wachsenden Zahl an Kollegen, die im Ausland arbeitet. Dieses Wörterbuch dient als Hilfe für die ergotherapeutische Arbeit in englischsprachigen Ländern.
3. Englischsprachigen Ergotherapeuten, die im deutschen Sprachraum arbeiten, soll hiermit ein Einstieg in die deutsche Fachterminologie erleichtert werden.
4. Dieses Vokabular kann den zukünftigen Übersetzern von Fachtexten eine Unterstützung bieten.
5. Es ist eine nicht zu übersehende Tatsache, dass in der Theoriebildung und der Entwicklung einer an die aktuellen ergotherapeutischen Handlungsmodelle sowie wissenschaftlichen Erkenntnisse angepassten Fachsprache im deutschsprachigen Raum erhebliche Defizite herrschen. Durch diese Arbeit soll ein Beitrag zur Entwicklung einer deutschsprachigen ergotherapeutischen Fachterminologie geleistet werden. Die Autoren sind sich bewusst, dass die Schaffung einer einheitlichen Terminologie natürlich nicht ausschließlich durch sie selbst geleistet werden kann. Die vorliegende Arbeit soll vielmehr als Diskussionsgrundlage dienen und im Rahmen weiterer Auflagen stetig überarbeitet wer-

den. Um möglichst breiten Konsens zu erreichen und alle relevanten Fachbereiche vollständig zu erfassen, sind die Autoren auf die Mithilfe der Leser angewiesen. Wir fordern somit alle interessierten Leser auf, in den Diskussionsprozess einzusteigen und fehlende Begriffe mit Übersetzungsvorschlägen, eventuell vorhandene Definitionen und Verweise auf die Primärliteratur an die Arbeitsgruppe zu senden.

Arbeitsgruppe Modelle und Theorien in der Ergotherapie (AG MOTHEO)
Dr. rer. nat. Andreas Fischer
Ückendorfer Str. 184
D-45886 Gelsenkirchen

andreas-fischer@t-online.de

Zur Verwendung des Wörterbuches

Wörterbuch Englisch-Deutsch

1. Als Übersetzungen werden verschiedene geläufige Begriffe angegeben. Diese werden durch Kommata (,) getrennt. Der im Regelfall wichtigste Begriff erscheint an erster Stelle. Beispiele: „Ballgriff, Kugelgriff“, „Verhaltensmodifikation, Verhaltensänderung“.
2. Falls in zusammengesetzten Begriffen verschiedene alternative Einzelworte verwendet werden können, werden diese teilweise durch den Schrägstrich (/) voneinander getrennt. Beispiel: „Verschlimmerung der Behinderung / Fähigkeitsstörung“ = „Verschlimmerung der Behinderung, Verschlimmerung der Fähigkeitsstörung“

Deutsche Begriffe in beiden Teilen (Deutsch - Englisch, Englisch - Deutsch)

Bei den deutschen Begriffen sind zur Erläuterung Texte in Klammern eingefügt. Die Inhalte der Klammern können folgende Bedeutungen haben:

1. Abkürzungen für die deutschen Termini. Falls für die verwendeten Termini eingeführte Abkürzungen existieren, werden diese mit dem Vorsatz „Abk:“ in den Klammern aufgeführt. Beispiel: „Aktivitäten täglichen Lebens (Abk: ADL)“.
2. Erklärende Texte. Für verschiedene Begriffe waren erklärende Texte notwendig, da eine reine Übersetzung der Termini nicht für jeden Leser den Begriff eindeutig erklärt. Diese erklärenden Texte stehen in jedem Fall nach der deutschen Übersetzung. Beispiel: „American Journal of Occupational Therapy (Fachzeitschrift des amerikanischen Ergotherapeuten-Verbandes AOTA).
3. Erläuternde Ergänzungen zur näheren Verdeutlichung der spezifischen Bedeutung eines Begriffes. Beispiel: „attitude = Einstellung, (innere) Haltung“.
4. Falls Literaturverweise angegeben sind, werden diese in den Klammern kursiv gesetzt. Beispiel *(Gardner)*.

5. Zur besseren Auffindbarkeit wurden verschiedene zusammengesetzte Begriffe mit einem Komma versehen nach dem Hauptbegriff sortiert in die Liste eingefügt. Beispiel: „beteiligen, sich aktiv“ an Stelle von „sich aktiv beteiligen“.
6. Sinnähnliche Begriffe oder Begriffe mit gleicher englischer Übersetzung, die in dem Lexikon enthalten sind, werden zur näheren Bestimmung in einer Klammer hinter dem Begriff aufgeführt. Beispiel: „sequenzieren (in Einzelschritte aufteilen)” = „sequencing”.

Abkürzungsliste englischer und amerikanischer Fachbegriffe

In der Abkürzungsliste sind verschiedene gängige Abkürzungen aus dem angelsächsischen Raum aufgeführt. Einige Begriffe finden sich in dem Übersetzungsteil wieder. Die Langformen derjenigen Begriffe mit eindeutiger Bedeutung oder allgemeiner Art sowie Eigennamen wurden nicht in den Übersetzungsteil übernommen.

Weitere Anmerkungen:

Die Übersetzung der Begriffe wurde in Anlehnung an die International Classification of Impairments, Disease and Handicaps (ICIDH) durchgeführt. Gebräuchliche deutsche Termini wurden aber weiterhin mit aufgeführt.

Bei verschiedenen Worten wurde die amerikanische und englische Rechtschreibung aufgeführt. Bei mehreren angegebenen Schreibvarianten sollte ein Standard-Wörterbuch zur Kontrolle konsultiert werden.

Fachwörterbuch Ergotherapie

Deutsch – Englisch

Deutsch – Englisch

A

Abduktion	abduction
abgestufte Aktivität / Techniken	graded activity / techniques
abhängig	dependent
Abhängiger (suchtkranker Mensch)	addict
Abhängigkeit	dependence
Abhängigkeit (Sucht)	addiction
Abklärung des Spiel- oder Freizeitverhaltens	play or leisure exploration
Abklärung (Klärung)	clarification
Ablehnung (Leugnen, Abwehr)	denial
Ablenkbarkeit	distractibility
ablenkende Aktivitäten	diversional activities
Ablenkung (Abweichung)	diversion
Ablösung	detachment
Abnahme	decrease
abnorme Bewegungsmuster	abnormal patterns of motions
Abteilung	department
Abteilung für Rückenmarksverletzungen (Querschnittszentrum)	spinal injury unit
abwaschen	clean up, to
Abwehr	defence, defense
Abwehr (Leugnen, Ablehnung)	denial
Abwehrmechanismen	defense mechanisms, mechanisms of defence
abweichend	deviant
Abweichung (Ablenkung)	diversion
Abweichung (Devianz)	deviance
Achselstützen	axillary crutches
Adaptation (Adaption)	adaptation
adaptiert (angepasst)	adapted, adaptive, adaptative
adaptierte Ausstattung	adaptive equipment

adaptiertes Gerät	adapted device
Adaption (Adaptation)	adaptation
Adduktion	adduction
Adduktionskissen (Spreizkeil)	adductor pads
affektive Störung	affective disorder
Agens (Mittel, Ursache)	agent
Agonist	agonist
Agoraphobie	agoraphobia
akademisches Personal (Lehrkörper, Fakultät)	faculty
Akte (Bericht, Krankengeschichte)	record
aktiv beteiligen, sich	engage actively, to
Aktivierungstherapie (Aktivitäts-therapie)	activity therapy
Aktivitäten (berufliche Tätigkeiten)	vocational activities
Aktivitäten des täglichen Lebens (Abk: ADL oder ATL)	activities of daily living
Aktivitätsanalyse	activity analysis
Aktivitätsmuster-Analyse	activity pattern analysis
Aktivitätsprogramm	activity programme
Aktivitätstherapie (Aktivierungs-therapie)	activity therapy
Aktivitätstoleranz (Toleranz gegen-über einer Aktivität)	activity tolerance
akustische Signale	sound signals
Alexie	alexia
Alimente (Unterhalt)	alimony
allgemeines Krankenhaus	general hospital
altern	ageing, aging
altersentsprechende Aktivitäten	age-appropriate activities
Alterserscheinungen	ageing symptoms
Altersplanung (Ruhestandsplanung)	retirement planning
Altersrente	age allowance
Altersrente (Pension)	retirement pension

Altersschwerhörigkeit	presbycusis
Alterssichtigkeit	presbyopia
ambulante Betreuung / Versorgung	outpatient care
ambulante Dienste	outpatient services
ambulante Einrichtung (Ambulanz)	outpatient clinic (department)
ambulante Pflege	ambulatory care
ambulanter Patient	outpatient
Ambulanz	outpatient unit
Ambulanz (ambulante Einrichtung)	outpatient clinic (department)
American Journal of Occupational Therapy (Fachzeitschrift des amerikanischen Ergotherapie-Verbandes)	American Journal of Occupational Therapy
American Occupational Therapy Association (Ergotherapie-Berufsverband der USA)	American Occupational Therapy Association
American Occupational Therapy Foundation (Stiftung zur Förderung der Ergotherapie-Forschung in den USA)	American Occupational Therapy Foundation
Amnesie (Gedächtnisstörung)	amnesia
Amputation	amputation
Amputationsbereich	site of amputation
Amputationsstumpf	amputation stump
Amputierte/r	amputee
amyotrophe Lateralsklerose (Abk: ALS)	amyotrophic lateral sclerosis
an das Haus gebunden (mobil, nicht)	homebound (housebound)
Anakusis (Hörverlust)	anakusis
Analyse	analysis
Analyse des Umfeldes / Lebensraumes (Umweltanalyse)	environmental analysis
Anamnese (Krankengeschichte)	case history

Anamnese (Vorgeschichte)	history
anatomischer Referenzpunkt	anatomical landmark
anerkannt (genehmigt)	approved
Anerkennung (Wiedererkennung, Erkennen)	recognition
Aneurisma	aneurysm
Anfall	attack
anfällig (für)	vulnerable (to)
Anfallsauslösung	onset of a fit
Anforderungen (Erfordernisse)	demands
angeboren	congenital
angeborene Anomalien	congenital anomalies
angeborene Defekte	congenital defects
angeborene Missbildung	congenital malformation
angeborene Störung	congenital disorder
Angelegenheit (Thema)	issue
angemessene Herausforderung	just right challenge
angepasst (adaptiert)	adapted
angepasst (adaptiert)	adaptive, adaptative
angepasste Ausstattung	adaptive equipment
angepasstes Verhalten (Anpassungsverhalten)	adaptive behavio(u)r
Angstbewältigung (Umgang mit der Angst)	anxiety management
Angststörung, generalisierte	generalized anxiety disorder
Anleiter für Gangschulung	walking instructor
Anleitung (Handzettel)	hand-out
Annahme (These)	assumption
Anonyme Alkoholiker	Alcoholics Anonymous
Anorexie, Anorexia nervosa	anorexia nervosa
anpassen (einstellen)	adjust, to
anpassen (angleichen)	accommodate, to
Anpassung (Einstellung)	adjustment

Aura	aura
aural, Ohr-, das Gehör betreffend	aural
Ausbilder, beruflicher	vocational training instructor
Ausbildung	education
Ausbildungsaktivitäten (Bildungsaktivitäten, Lernaktivitäten)	educational activities
Ausbildungsbeihilfe	education allowances
Ausdauer (Durchhaltevermögen)	endurance
Ausdauertest	endurance testing
Ausdruck der eigenen Persönlichkeit (Selbstdarstellung, Selbstausdruck)	self-expression
Ausführung (Performanz, Tätigkeit)	performance
ausgewählte Platzierung (gezielte Unterbringung)	selective placement
ausgewogener Lebensstil	balanced lifestyle
Ausgewogenheit der Betätigungen (Betätigungsausgewogenheit)	occupational balance
Ausgleichskasse	compensation fund
Ausmaß	extent
Ausprägung der Gewohnheitsstruktur	degree of organization in habits
außerberuflich (freizeitbezogen)	avocational
Aussetzung (Unterbrechung)	suspension
Ausstattung (Einrichtung)	equipment
auswerten (evaluieren, bewerten, beurteilen)	evaluate, to
Auszeichnung (Stipendium)	grant, award
Autismus	autism
automatisierte Prozesse	automatic processes
autonomes Nervensystem (vegetatives Nervensystem)	autonomic nervous system
Autonomie	autonomy

B

Babinski-Reflex	Babinski's reflex
baden	bathing
Badetraining	bath-practice
Bagatellverletzung	minor injury
Bahn (Tractus)	tract
Bahnung (der Reizweiterleitung) (Fazilitation)	facilitation
Balance (Gleichgewicht)	balance, equilibrium
Ballgriff (Kugelgriff)	ball grip
Barriere (Hindernis)	barrier
Basisaktivitäten des täglichen Lebens	basic activities of daily living
Basisfähigkeiten (Kernfertigkeiten, Kernfähigkeiten)	core skills
Bauchlage	prone position
Bauchliegebrett	prone board
bauliche Barrieren (Zugangshürden)	architectual barriers
Bauvorschriften	building regulations
beantworten (reagieren)	respond, to
Beaufsichtigung, enge	close supervision
Bedeutung	meaning
Bedeutung (Schlussfolgerung, Implikation)	meaning, implication
bedeutungsvoll	meaningful
bedrängend (einengend)	constraining
Bedürfnisse	needs
beeinflussen (behandeln, manipulieren)	manipulate, to
beeinträchtigende Bedingungen	disabling conditions, handicapping conditions
beeinträchtigt	handicapped
Beeinträchtigung (nach ICIDH) (Handicap)	handicap
befähigen	enable, to

befähigen (ermächtigen)	empower, to
Befähigung	empowerment
befassen mit	involve, to
Beförderung (Förderung)	promotion
Beförderung (Transport)	portage
Befunderhebung (Beurteilung, Bewertung)	assessment
Befunderhebung zum Stand der Entwicklung	developmental assessment
Befunderhebungsverfahren (Bewertungsverfahren, Beurteilungsverfahren)	assessment tools
Begabung (Eignung, Talent)	aptitude
Beginn der Behinderung	onset of disability
Begleiter (Pflegeperson, Aufsichtsperson)	attendant
Begriffsbildung (Konzeptbildung)	concept formation
Begründen (Reasoning, Entscheiden, Denken)	reasoning
Begründung	rationale
Begutachtungsstelle	rating board
behandeln	treat, to
behandeln (beeinflussen, manipulieren)	manipulate, to
Behandlung (Behandlungseinheit, Therapiesitzung)	treatment session
Behandlungsansatz (Behandlungsmodus)	mode of treatment
Behandlungseinheit (Behandlung, Therapiesitzung)	treatment session
Behandlungsmethode	method of treatment
Behandlungsmodus (Behandlungsansatz)	mode of treatment
Behandlungsplan	treatment plan

Behandlungsprozess und -vorgehen	treatment process and procedure
Behandlungsverlauf	course of treatment
Behandlungsziele (Behandlungszielsetzungen)	aims of treatment, treatment objectives
Behandlungszielsetzungen (Behandlungsziele)	aims of treatment, treatment objectives
Beherrschen (Bewältigung)	mastery
behindert	disabled
Behindertenstatus	disability status
Behindertenzulage	disability benefits
Behinderung (Fähigkeitsstörung)	disability (ICIDH), disablement
Behinderung verursachende Krankheit	disabling disease
Behinderung, dauerhafte (Fähigkeitsstörung, dauerhafte)	permanent disability
beidäugig (binokular)	binocular
beidseitig (bilateral)	bilateral
Beihilfe (einmaliger Zuschuss, Stipendium)	grant (allowance)
Beihilfe (Zuschuss, Unterstützung, Rente)	allowance
Beihilfe zur Sicherung des Existenzminimums	subsistance allowance
Beirat (Beratungsgremium)	advisory board
Beistand (Hilfe, Unterstützung)	assistance
Belange	concerns
Belastung	strain
Belastungsfähigkeit (Arbeitstoleranz, Belastungstoleranz)	work tolerance
Belastungstoleranz (Arbeitstoleranz, Belastungsfähigkeit)	work tolerance
Belastungstraining	capacity training
beleuchten (Schwerpunkt setzen, betonen)	highlight, to

Beobachtung	observation
Berater (Konsiliar-)	consultant, counsel(l)or
Beratung	consultation, counsel(l)ing
Beratungsgremium (Beirat)	advisory board
berechtigt	eligible
berechtigte Angehörige	eligible dependants
Bereitsteller (Versorger)	provider
Bericht (Krankengeschichte, Akte)	record
Beruf (Profession)	profession
beruflich (berufsbezogen)	vocational (industrial, occupational)
beruflich (berufsspezifisch, professionell)	professional
berufliche Beeinträchtigung	vocational disablement
berufliche Eignungsprüfung	vocational testing
berufliche Eingliederung	integration into employment
berufliche Einheit (Geschlossenheit)	professional entity
berufliche Fähigkeitsstörung	occupational disability, vocational disability
berufliche Maßnahmen	vocational measures
berufliche Rehabilitation im Industriebereich	industrial rehabilitation
berufliche Tätigkeiten (Aktivitäten)	vocational activities
berufliche Umschulung	vocational retraining
beruflicher Werdegang	occupational history
berufliches Modell (berufsbezogenes Modell)	professional model
berufliches Rehabilitationszentrum	employment rehabilitation centre
Berufsanfänger (Eingangsstufe)	entry level
Berufsausübung	professional practice
Berufsberater, -in	vocational counsellor, employment adviser, employment counselor, vocational guidance counsellor
Berufsberatung	vocational guidance
berufsbezogen (beruflich)	vocational (industrial, occupational)

Berufsethik (ethischer Kodex)	code of ethics
Berufsgruppen	professional disciplines
Berufskrankheit	occupational disease
berufsspezifisch (beruflich, professionell)	professional
Berührungsunterempfindlichkeit	hyporesponsivity to touch
Berührungswahrnehmung	touch perception
Beschäftigung (Tätigkeit, Betätigung)	occupation
beschützende Werkstatt (Werkstatt für Behinderte)	sheltered workshop
beschütztes Wohnen	sheltered housing
beschützte Arbeit	sheltered employment, sheltered work
beschwerend (Gewicht tragend)	weightbearing
Besuchsdienst der Gesundheitsfürsorge	health visiting service
betagt (60 - 75 Jahre)	young-old
Betätigung (Tätigkeit, Beschäftigung)	occupation
Betätigungsausgewogenheit (Ausgewogenheit der Betätigungen)	occupational balance
Betätigungsfertigkeiten (Betätigungsfähigkeiten)	occupational skills
Betätigungsform	occupational form
Betätigungsinbalance (Betätigungsunausgewogenheit)	occupational imbalance
Betätigungskontext (Handlungskontext, Performanzkontext)	performance context
Betätigungs-Risikofaktoren	occupational risk factors
Betätigungsrollen	occupational roles
Betätigungsstruktur	occupational structure
Betätigungsunausgewogenheit (Betätigungsinbalance)	occupational imbalance

Betätigungsverhalten	occupational behavio(u)r
Betätigungsvermögen	occupational capacity
Betätigungswissenschaften (ergotherapeutische Wissenschaften)	occupational science
Betätigungsziele (Handlungsziele)	occupational goals
betonen (Schwerpunkt setzen, beleuchten)	highlight, to
Betreuung in Pflegefamilie	foster care
Betreuung, ständige (Dauerpflege)	constant attendance
Betroffenengruppe (Selbsthilfegruppe)	mutual support group
Bettgalgen	bedgallow, monkey pole
Bettgalgen mit Schlinge	overhead sling
Betttisch	cantilever
bettlägerig	bedridden, confined to bed
bettlägerig, dauerhaft	permanently bedridden
Bettruhe	bedrest
Bettspiegel	overhead mirror
Beüben des Bewegungsausmaßes	train the range of movement, to
Beugung (Flexion)	flexion
Beurlaubung	leave of absence
beurteilen (bewerten, erheben)	assess, to
Beurteilung (Bewertung, Befunderhebung)	assessment
Beurteilungsverfahren (Befunderhebungsverfahren, Bewertungsverfahren)	assessment tools
Bewältigung (Beherrschen)	mastery
Bewältigungsfertigkeiten (Bewältigungsfähigkeiten, Copingstrategien)	coping skills
Bewegung	movement
Bewegung betreffend (motorisch)	motor
Bewegung, aktive	active movement

Bewegungsangst, Bewegungsaversion	aversive response to movement
Bewegungsausmaß	range of motion / movement
Bewegungsausmaß der Gelenke	joint range of motion
Bewegungsausmaß, aktives	active range of motion / movement
Bewegungsausmaß, aktives unterstütztes	active assistive range of motion
Bewegungsausmaß, passives	passive range of motion
Bewegungsentwurf	outline of motion
Bewegungsmuster	movement pattern, patterns of movement
Bewegungsplanung (motorische Planung)	motor planning
Bewegungsstörungen (motorische Fähigkeitsstörung)	motor disability
Bewegungstherapie	exercise therapy
Bewegungsüberempfindlichkeit	hypersensitivity to movement
Bewegungsverlust	loss of motion
Bewerbung (Anwendung, Antrag)	application
Bewerbung bearbeiten / berücksichtigen (Antrag bearbeiten / berücksichtigen)	consider (to) an application
Bewerbungsformular (Antragsformular)	application form
bewerten (beurteilen, auswerten, evaluieren)	evaluate, to
bewerten (erheben, beurteilen, prüfen)	assess, to
Bewertung (Beurteilung, Befunderhebung)	assessment
Bewertungsskala (Bewertungstabelle)	rating scale
Bewertungsskala (Gebührenskala)	scale of rates

Bewertungstabelle (Bewertungsskala)	rating scale
Bewertungsverfahren (Befunderhebungsverfahren, Beurteilungsverfahren)	assessment tools
Bewusstsein	awareness
bezahlbar (erschwinglich)	affordable
bezahlte Beschäftigung (Arbeit)	paid employment
Beziehung	relation, rapport
Bezugspersonen	significant others
Bezugsrahmen (Bezugssystem)	frame of reference
Bezugssystem (Bezugsrahmen)	frame of reference
bihaptische Präsentation	dichhaptic presentation
bilateral (beidseitig)	bilateral
bilateral (beidseitig) Amputierte/r	double amputee
bilaterale Integration	bilateral integration
bilaterale motorische Fähigkeiten und Sequenzierungsfähigkeiten	bilateral motor and sequencing abilities
bilaterale motorische Koordination	bilateral motor coordination
bilaterale, entgegengesetzte Bewegungen	reciprocal movement activities
Bildungsaktivitäten (Ausbildungsaktivitäten, Lernaktivitäten)	educational activities
binokular (beidäugig)	binocular
biologische Bedürfnisse	biological needs
biomechanischer Ansatz	biomechanical approach
biomedizinisches Modell	biomedical model
bipolare Störung	bipolar disorder
Blindenhund	guide dog
Bluterguss (Prellung, Quetschung)	bruise
Bohnensack (Sitzsack)	bean bag
Brauch (Sitte)	custom
Brauch (Anwendbarkeit, Praktikabilität)	utility

Brauchbarkeit (Anwendbarkeit, Praktikabilität)	utility
Bruch (Fraktur)	fracture
Bruttoeinkommen	gross income
Bulimie	bulimia

C

Casemanagement (Fallmanagement)	case management
Casemanager (Fallmanager)	case manager
Cerebellum, Kleinhirn	cerebellum
Chaining (Verkettung (Methode der Verhaltensmodifikation))	chaining
charakteristisches Verhalten	characteristic behavio(u)r
Checkliste	checklist
chirurgische Behandlung	surgical treatment
chirurgischer Eingriff	surgical operation
chronisch obstruktive Atemwegserkrankung	chronic obstructive airways disease
chronisch rheumatische Erkrankung	chronic rheumatic disease
chronische Atembeschwerden	chronic respiratory disorder
chronische Erkrankung	long term chronic disease
chronische Störung	chronic disorder
chronisches Nierenversagen	chronic renal failure
Cluster-Analyse	cluster analysis
Clustergruppe	cluster group
Cock-up Schiene (Fallhandschiene)	cock up splint
Colitis ulcerosa	ulcerative colitis
Computertomographie des Schädels	brain scan
Coping (Bewältigung)	coping
Copingstrategien (Bewältigungsfertigkeiten, -fähigkeiten)	coping skills
cystische Fibrose	cystic fibrosis

D

Darmaktivität	bowel movement
dauerhafte Behinderung / Fähigkeitsstörung	permanent disability
Dauerpflege (ständige Betreuung)	constant attendance
Debilität (Schwäche)	debility
Defizit (Fehlen)	deficit
dehnen	stretch, to
Dekubitus (Druckstelle, Wundliegen)	pressure sore, bedsore
Demenz	dementia
Denken (Begründen, Entscheiden, Reasoning)	reasoning
Denken in Geschichten (narratives Reasoning)	reasoning, narrative
Denken, ablauforientiertes (Techniktdenken)	reasoning, technical
Denken, diagnostisches	reasoning, diagnostic
Denken, interaktives	reasoning, interactive
Denken, intuitives (Intuition)	reasoning, intuitive
Denken, praktisches	reasoning, practical
Denken, professionelles (berufspraktisch und berufstheoretisch)	reasoning, professional
Denken, situationsumfassendes	reasoning, conditional
Denken, theoretisches	reasoning, theoretical
Denken, verfahrensorientiertes	reasoning, procedural
Denken, wissenschaftliches	reasoning, scientific
Depersonalisation	depersonalization
Depression	depression
Desensibilisierung	desensitization
Desorientiertheit	disorientation
Devianz (Abweichung)	deviance
Diabetes mellitus	diabetes mellitus
Diadochokinese	diadochokinesia
dichotisches Hören	dichotic listening
Dienstnachweis	service record

Differenzierung	differentiation
Diplegie	diplegia
dissoziales Verhalten (Soziopathie)	antisocial personality disorder
dissoziative Störung	dissociative disorder
divergentes / abweichendes Denken	divergent thinking
Dokumentation, narrative	narrative documentation
Domäne	domain
dominante Hand	preferred hand
Doppeldiagnose	dual diagnosis
Down-Syndrom (Trisomie 21)	Down Syndrome
Dreiecksbügel (Trapez)	deltoid aid
Dreipunkt-Gehhilfe (Dreipunktstock)	tripod
Dreipunktgriff	tripod grip
Dreipunktstock (3-Punkt-Gehhilfe)	tripod
Dringlichkeit (Notfall)	emergency
Drogenabhängiger (Süchtiger)	drug dependent
Drogensüchtiger	drug addict
Drucken mit Druckstock (z.B. Linol)	block printing
Druckentlastung (Druckverringerung)	pressure reduction
Druckstelle (Dekubitus)	pressure sore
Druckverringerung (Druckentlastung)	pressure reduction
Duchenne Muskeldystrophie	Duchenne's muscular dystrophy
Dupuytren'sche Kontraktur (Morbus Dupuytren)	Dupuytren's contracture
Durchhaltevermögen (Ausdauer)	endurance
Durchlauf (Verarbeitung)	throughput
Durchsetzungsvermögen (Selbstbehauptung)	assertiveness
duschen	showering
Duschsitz	shower seat
dyadische Interaktionsfertigkeiten	skills, dyadic interaction
dynamische Schiene	dynamic splint
Dysarthrie	dysarthria
Dysgraphie	dysgraphia

Dyskalkulie	dyscalculia
Dyskinesie	dyskinesia
Dyslexie	dyslexia
Dysmetrie	dysmetria
Dysphagie	dysphagia
Dyspraxie	dyspraxia

E

Echolalie	echolalia
Echopraxie	echopraxia
Effektivität (Wirksamkeit)	effectiveness
Effizienz (Leistungsfähigkeit)	efficiency
ehrenamtliche Aktivitäten	voluntary activities
ehrenamtliche Beteiligung	volunteer participation
ehrenamtliche Organisationen	voluntary organization
Ehrenmitgliedschaft (Stipendium, Gemeinschaftssinn)	fellowship
Eigenanamnese	self-report
Eigenwahrnehmung (durch Propriorezeptoren) (Propriozeption)	proprioception
Eignung (Begabung, Talent)	aptitude
Eindruck (Empfindung)	sensation
einengend (bedrängend)	constraining
Einfühlungsvermögen (Empathie)	empathy
Einführung (Umsetzung, Implementierung)	implementation
Eingabe (Input)	input
Eingangsstufe (Berufsanfänger)	entry level
eingetragen (registriert)	registered
einhändige Techniken	one hand techniques
einkaufen	shopping
Einleiten (Initiierung)	initiation
Einleitung einer Aktivität (Aufnahme einer Aktivität)	initiation of activity
einmaliger Zuschuss (Beihilfe, Stipendium)	grant (allowance)
Einrichtung (Ausstattung)	equipment
Einrichtungen (verfügbare Räumlichkeiten)	facilities
Einschränkung (Zwang)	constraint (discomfort)
Einschränkung der Arbeitsfähigkeit	reduction of working capacity

Einschränkung der Gelenkbeweglichkeit	joint limitation
einstellen (anpassen)	adjust, to
Einstellung (Anpassung)	adjustment
Einstellung (innere Haltung)	attitude
einstufen (Stufe)	grade, to
Einstufung (Grad, Höhe)	rate
Einüben neuer Verhaltensweisen (Verhaltenstraining)	behavio(u)ral rehearsal
Einwilligung, informierte	informed consent
Einzelspiel (solitäres Spiel)	solitary play
Einzeltherapie	single therapy
eklektischer Ansatz	eclectic approach
Elektrokrampftherapie	electroconvulsive therapy
elektronischer Seitenwender	electronic page turner
Elternberatung	parent counselling
emotionale Erregung	emotional arousal
emotionale Störung	emotional disturbance
Empathie (Einfühlungsvermögen)	empathy
Empfänger	recipient
Empfindsamkeit (Feingefühl, Sensibilität)	sensitivity
Empfindung (Eindruck)	sensation
enge Beobachtung	close observation
enge Betreuung (in der Phase des beruflichen Starts oder in der Ausbildung) durch Vorgesetzte	close supervision
Entfernung eines Organs	removal of organ
entgegen ärztlichem Rat, entgegen ärztliche Empfehlung	against medical advice
Enthemmung	disinhibition
Enthospitalisierung	deinstitutionalization
Entlassung	discharge
Entlassungskomitee (für Patienten)	discharge team

Entlassungsplanung	discharge planning
Entschädigungspension (Entschädigungsrente)	compensatory pension
Entschädigungsrente (Entschädigungspension)	compensatory pension
Entscheiden (Begründen, Reasoning, Denken)	reasoning
Entscheidungsprozess	decision-making process
entstehen (hervortreten, erscheinen)	emerge, to
Entwicklung	development
Entwicklungs-	developmental
Entwicklungsabfolge, -folge (Entwicklungssequenz, Entwicklungsablauf)	developmental sequence
Entwicklungsablauf (Entwicklungsabfolge, -folge, Entwicklungssequenz)	developmental sequence
Entwicklungsdyspraxie	developmental dyspraxia
Entwicklungsergebnis	developmental output
Entwicklungsfertigkeiten	developmental skills
Entwicklungsmuster	developmental pattern
Entwicklungssequenz (Entwicklungsabfolge, -folge, Entwicklungsablauf)	developmental sequence
Entwicklungsstörung	developmental disability
Entwicklungsverzögerung	developmental delay
Entwurf	outline
Enzephalitis	encephalitis
Epilepsie	epilepsy
Erfahrung (Erleben)	experience
Erfordernisse (Anforderungen)	demands
Ergebnis (Ertrag, Output)	output
Ergebnismessung, Ergebnis-Messinstrument	outcome measure
Ergonomie	ergonomics
ergonomische Arbeitsplatzanalyse	ergonomic work site analysis

Ergotherapeut/in	occupational therapist
Ergotherapeut/in, leitende/r	head occupational therapist
Ergotherapeut/in, praktisch arbeitende/r	occupational therapy practitioner
Ergotherapeutin im Aufbaustudium	postgraduate OT
ergotherapeutische Wissenschaften (Betätigungswissenschaften)	occupational science
ergotherapeutisches Behandlungszentrum	occupational activities center, occupational activity centre
Ergotherapie	occupational therapy
Ergotherapie, berufsvorbereitende	occupational therapy prior to resuming/starting work
Ergotherapie, mobile	domiciliary occupational therapy
Ergotherapieabteilung	occupational therapy unit
Ergotherapie-Helfer	occupational therapy aide
erhalten	sustain, to
erhalten (aufrecht erhalten)	maintain, to
erhaltende Therapie (zum Funktionserhalt)	maintenance therapy
erhältlich (vorhanden, zugänglich)	available
Erhaltung	maintenance
erheben (bewerten, beurteilen, prüfen)	assess, to
Erhebung der Umweltfaktoren	environmental assessment
erhöhen (steigern, vergrößern)	increase, to
Erhöhung (Zuschlag)	increase
Erholung (Freizeit)	recreation
Erholung (Ruhe)	rest
Erholungsort (Kurort)	health resort
Erinnerungstherapie	reminiscence (nostalgia) therapy
Erkennen (Wiedererkennung, Anerkennung)	recognition
Erkrankung (Krankheit)	illness
Erleben (Erfahrung)	experience

erlernte Hilflosigkeit	learned helplessness
erlernter Nichtgebrauch	learned nonuse
ermächtigen (befähigen)	empower
Ermüdung	fatigue
Ernährer	breadwinner
Ernährungsgewohnheiten	nutritional practices
Ernennung (Verabredung, Termin)	appointment
Ernsthaftigkeit	seriousness
erregt (aufgeregt)	agitated
Erregung (Wachsamkeit, Aufmerksamkeit)	arousal
Erregungsgrad (Erregungsniveau)	level of arousal
Erregungsmuster	excitation pattern
Erregungsniveau (Erregungsgrad)	level of arousal
Erregungszustand	state of arousal
Erreichbarkeit (Zugänglichkeit)	accessibility
Ersatz-...	surrogate
Ersatzbewegung (Trickbewegung)	trick movements
Ersatzbewegungen (kompensatorische Bewegungen)	compensatory movement
erscheinen (hervortreten, entstehen)	emerge, to
Erschöpfung	exhaustion
erschwinglich (bezahlbar)	affordable
Erstattung, Kostenerstattung	reimbursement
Erstgespräch (Aufnahmegespräch)	initial interview
Ertrag (Output, Ergebnis)	output
Erwachsenenalter	adulthood
Erwarten von Erfolg / Versagen	expectancy of success / failure
erwartend (antizipatorisch, vorwegnehmend)	anticipatory
erweitern	augment, to
Erweiterung, Anbau (Streckung, Extension)	extension
Erwerbsfähigkeit	earning capacity

Erwerbstätigkeit	gainful occupation
Erwerbsunfähigkeit	earning incapacity
Erziehungspsychologie (Lernpsychologie)	educational psychology
Esshilfen	feeding aids, special eating utensils
Esstraining	feeding practice
Ethik	ethics
ethischer Kodex (Berufsethik)	code of ethics
eugenische Sterilisation	eugenic sterilization
Evaluation	evaluation
Evaluation der Arbeitsfähigkeit	job capacity evaluation
evaluieren (auswerten, bewerten, beurteilen)	evaluate, to
evidenzbasierte Praxis	evidence-based practice
Existenzminimum	subsistance level
Extension (Streckung, Erweiterung, Anbau)	extension
Extension / Streckung (der Wirbelsäule) in Bauchlage	prone extension
Extremität, untere (Gliedmaße, untere)	lower limb
Extremitäten	limbs
extrinsische Motivation	extrinsic motivation

F

Facharbeiter	skilled worker
Fachausbildung (Fachunterricht)	specialist education
Fachpädagoge	specialist instructor
Fachunterricht (Fachausbildung)	specialist education
Fähigkeit	ability
Fähigkeit der Bereitschaft zum Lernen	readiness skills
Fähigkeit zur Zweierbeziehung	dyadic interaction(al) skills
Fähigkeitsstörung (ICIDH) (Behinderung)	disability (ICIDH), disablement
Fähigkeitsstörung verursachende Krankheit	disabling disease
Fähigkeitsstörung, dauerhafte (ICIDH) (Behinderung, dauerhafte)	permanent disability
Fähigkeitsstörung, vollständige (Vollinvalidität)	total disability
Fähigkeitsstörung, vorübergehende	temporary disability
Faktorenanalyse	factor analysis
Faktorenladung	factor loading
Fakultät (Lehrkörper, akademisches Personal)	faculty
Fallbericht	case report
Fallhandschiene (Cock-up Schiene)	cock up splint
Fallmanagement (Casemanagement)	case management
Fallmanager (Casemanager)	case manager
Fallstudie	case study
Faltrollstuhl	collapsible wheelchair
Familienanamnese (Familiengeschichte)	family history
Familiengeschichte (Familienanamnese)	family history
Farbenblindheit	colo(u)r agnosia
Faustschluss	cylinder grip, gross grip, power grip

Fazilitation (Bahnung (der Reizweiterleitung))	facilitation
Fazilitator	facilitator
Feder	spring
fehlangepasst (schlecht angepasst)	maladaptive
fehlangepasst (verhaltensauffällig)	maladjusted
Fehleinschätzung	misjudgement
Fehlen (Defizit)	deficit
fehlerfreies Lernen	errorless learning
feindselig	hostile
Feindseligkeit	hostility
Feingefühl (Empfindsamkeit, Sensibilität)	sensitivity
Feinmotorik	fine coordination, fine motor coordination, fine movements
feinmotorische Aktivitäten / Fertigkeiten	fine motor activities / skills
Feinziele	objectives
Fertigkeit (Fähigkeit)	skill
Fertigkeit zur Selbstversorgung	self-care proficiency
Fertigkeiten der Selbst-Identität	skills, self-identity
Fertigkeiten der sensorischen Integration	skills, sensory integration
Fertigkeiten der sexuellen Identität	skills, sexual identity
Fertigkeiten im Freizeitbereich	leisure skills
Figur-Grund	figure-ground
Figur-Grund-Wahrnehmung	figure-ground perception
Fingergoniometer	finger goniometer
Finger-Identifikation	finger identification
Flexion (Beugung)	flexion
Flexion (Beugung) in Rückenlage	supine flexion
Flooding (Reizüberflutung, aus der Verhaltenstherapie)	flooding
Flow	flow

Flow-Erfahrung (Fließerfahrung innerhalb von Betätigung)	flow experience
fokussieren (konzentrieren)	focus, to
Folgerung (Schlussfolgerung, Rückschluss)	conclusion
fördern (verstärken)	enhance, to
Förderung (Beförderung)	promotion
Form- und Raumwahrnehmung	form and space perception
formales Lernen (in der Schule)	formal learning
formatio reticularis (Retikularformation)	reticular core
Formkonstanz	form constancy
Forschung (Nachforschung, Untersuchung)	research (investigation)
Fortbildung (Weiterbildung)	continuing education
Fortschritt (Verlauf)	progress
Fragebogen	questionnaire
Fragebogen zum Einfluss des Arbeitsumfeldes auf den Stelleninhaber	Work Environment Inventory Scale
Fragebogen zur Volition	volitional questionnaire
Fraktur (Bruch)	fracture
freiwillige Aktivitäten (ehrenamtliche Aktivitäten)	voluntary activities
freiwillige Berichterstattung	voluntary reporting
Freizeit	leisure
Freizeit (Erholung)	recreation
Freizeitaktivitäten	leisure activities, leisure time activities, sparetime activity
freizeitbezogen (außerberuflich)	avocational
Freizeitförderung (Hobbyfindung)	leisure education
Freizeitzentrum	activity center, activity centre
Frühbehandlung (Frühförderung)	early intervention
Frühförderung (Frühbehandlung)	early intervention

frühgeborenes Kind	pre-term infant
Führungsfähigkeiten/-fertigkeiten	leadership skills
funktionale Kommunikation	functional communication
funktionale Mobilität	functional mobility
funktionell (funktionsfähig)	functional
funktionelle Schwierigkeiten / Probleme	functional performance problems
funktioneller Verlust (Funktionsverlust)	functional loss
funktionelles Spiel (heilendes Spiel)	remedial game
funktionelles Spielen	functional play
funktionsfähig (funktionell)	functional
Funktionsverlust (funktioneller Verlust)	functional loss
Funktionsverlust einer Gliedmaße	loss of the use of a limb
Fürsorge für andere	care of others
Fürsorge, staatliche	public assistance
Fürsprache (Fürsprecher)	advocacy
Fußknöchelorthese	ankle foot orthosis
Futter (Polster)	pad
füttern (polstern)	pad, to
Futterstoffe (Polsterung (Schienen))	linings

G

Gang, Gangbild	gait
ganzheitlich (holistisch)	holistic
ganzheitliche Behandlung (umfassende Behandlung)	comprehensive treatment
Ganzheitlichkeit (Holismus)	holism
Gebrechlichkeit	frailty
Gebrechlichkeit (Schwäche)	infirmity
Gebührenskala (Bewertungsskala)	scale of rates
Geburtsdatum	date of birth
Geburtsstation	maternity ward
Gedächtnis	memory
Gedächtnisstörung	memory deficit
Gedächtnisstörung (Amnesie)	amnesia
Gefühle ausdrücken	express feelings, to
geführte Bewegung (unterstützte Bewegung)	assisted movements
gegenteilige Effekte	adverse effects
Gegenübertragung	countertransference
gehfähig	ambulant
gehfähig (mobil)	ambulatory
Gehgestell	walking frame
Gehhilfe (Handstock, Gehstock)	cane (walking stick)
Gehirnerschütterung	concussion of the brain
Gehsteigoberfläche	surface area of pavement
Gehstock (Handstock, Gehhilfe)	cane, walking stick
geistig behindert	mentally handicapped
geistig behindert, schwer	severely retarded
geistige Behinderung (Verzögerung der geistigen Entwicklung)	mental retardation
geistige Entwicklung	mental development
geistige Gesundheit (psychische Gesundheit)	mental health
geistige Schädigung	mental impairment

geistige Störung (psychische Störung)	mental disorder
Geländer (Handlauf)	handrail
Geld-Management (Umgang mit Geld / Finanzen)	money management
geleitete Fantasie (-reise)	guided fantasy
Gelenk	joint
Gelenkerkrankungen	disorders of the joints
Gelenkersatz	joint replacement
Gelenkkontraktur	joint contracture
Gelenkmessung	measurement of joint range of movement
Gelenkmobilisation	joint mobilization
Gelenkpfanne (Augenhöhle)	socket
Gelenkschutz	joint preservation, joint protection
Gelenkschutztraining	training of joint protection
Gelenksfunktionsstatus	status of jointfunction
Gemeindefürsorge	community welfare
gemeindenah arbeitende Ergotherapeuten	community occupational therapists
gemeindenahe Dienste / Programme	community services, program(me)s
gemeindenahe Versorgung	community care
Gemeinderehabilitationsprogramme	community rehabilitation program(me)s
Gemeinschaftssinn (Stipendium, Ehrenmitgliedschaft)	fellowship
genehmigt (anerkannt)	approved
Generalisierung (Verallgemeinerung)	generalization
Genesung (Heilung)	cure
Genesung (im Sinne der Wiederherstellung)	recovery
Gerät (Vorrichtung, Hilfsmittel)	appliance
Gerät (Hilfsmittel)	devices

Gerichtetheit (Zuordnung von Raumrichtungen)	directionality
Geschicklichkeit (Händigkeit)	dexterity
Geschlechtsidentität	gender identity
geschlossenes System	closed system
Geschlossenheit (berufliche Einheit)	professional entity
geschütztes Wohnen	sheltered accommodation
Gesichtsfeld	visual field
gestaffelte Arbeitsmöglichkeiten	graded job opportunities
Gestalt (Begriff aus der Gestalttherapie)	gestalt
Gestalt vervollständigen	visual-closure
Gestaltung	shaping
gestufte Aktivität	graded activity
Gesundheits- und Sozialmaßnahmen	health and welfare activities
Gesundheitsdienst	health service
Gesundheitserhalt (Gesundheitsvorsorge)	health maintenance
Gesundheitserziehung	health education
Gesundheitsvorsorge (Gesundheitserhalt)	health maintenance
Gewicht tragend (beschwerend)	weightbearing
Gewohnheit	habit
Gewohnheits-Subsystem (Habituations-Subsystem)	habituation subsystem
Gewöhnung	habituate
gezielte Beobachtungen zur sensomotorischen Integration (nach J. Ayres) (klinische Beobachtungen)	clinical observations
gezielte Unterbringung (ausgewählte Platzierung)	selective placement
Gips (Pflaster)	plaster
Gipsverband	plaster cast

Gleichgewicht (Balance)	balance, equilibrium
Gleichgewichtsreaktionen	equilibrium reactions / reflex
Gleichgewichtsstörung	disturbance of equilibrium
Gliedmaße, untere (Extremität, untere)	lower limb
Gliedmaßen, obere	upper limb
Goniometer (Winkelmesser)	goniometer
Grad (Einstufung, Höhe)	rate
Grad der Behinderung	degree of disablement
Graphästhesie	graphesthesia
Greif(funktions)test	prehension test
Greifkraft	grip force
Grobmotorik	gross movements
grobmotorische Aktivitäten / Fertigkeiten	gross motor activities / skills
grobmotorische Koordination	gross coordination
Großhirnhemisphären	cerebral hemispheres
Großhirnrinde (Neocortex)	cerebral cortex
Grundangst	basic anxiety
Grundrente (Mindestpension)	basic pension
Grundstellung der Finger (auf der Schreibmaschine), Finger-Grundstellung	home keys
Gruppendynamik	group dynamics
Gruppenentwicklung	group development
Gruppeninteraktionsfähigkeiten	group interaction skills
Gruppenleiter	group leader
Gruppenphasen	group phases
Gruppenprozess	group process
Gruppenrollen	group roles
Gruppentherapie	group therapy
Gruppenübungen	group exercise

H

Habituations-Subsystem (Gewohnheits-Subsystem)	habituation subsystem
Haftpflichtversicherung	indemnity insurance
Hals-Nasen-Ohren- (Abk: HNO)	ear-nose-throat
Halsstellreflex	neck righting reflex
Halswirbel	cervical vertebrae
Haltung (Stellung)	posture
Haltung, innere (Einstellung)	attitude
Haltungs- (die Haltung betreffend) (postural)	postural
Haltungsanpassung (Haltungsausrichtung)	postural alignment
Haltungsausrichtung (Haltungsanpassung)	postural alignment
Haltungshintergrund	postural background
Haltungskontrolle	postural control
Haltungsmechanismen	postural mechanisms
Haltungspraxie (posturale Praxie)	postural praxis
Haltungsreflex (Posturalreflex)	postural reflex
Haltungsunsicherheit	postural insecurity
Handarbeit (Handwerk)	handicraft
Handfertigkeiten (manuelle Fertigkeiten)	handskill
Handicap (Beeinträchtigung (ICIDH))	handicap
Händigkeit	handedness
Händigkeit (Geschicklichkeit)	dexterity
Handlauf (Geländer)	handrail
Handlungsabfolge (Handlungssequenz)	action sequence
Handlungsbereiche (Tätigkeitsbereiche, Performanzbereiche)	performance areas
Handlungsinitation	initation of activity
Handlungskontext (Performanzkontext, Betätigungskontext)	performance context

Handlungssequenz (Handlungsabfolge)	action sequence
Handlungstermination	termination of activity
Handlungsziele (Betätigungsziele)	occupational goals
Handstock (Gehhilfe, Gehstock)	cane (walking stick)
Handstock, verstellbarer	adjustable cane
Handwerk (Handarbeit)	handicraft
Handzettel (Anleitung)	hand-out
Härtefallzuschuss	hardship allowance
Hausaufgaben	homework
Hausbehandlung (häusliche Behandlung, Hausbesuch)	treatment at home
Hausbesuch	domiciliary visit
Hausbesuch (Hausbehandlung, häusliche Behandlung)	treatment at home
Haushaltführung	housekeeping, homemaking
Haushaltsführung (Haushaltsmanagement)	home management
Haushaltshilfe	domestic help, home-help
Haushaltsmanagement (Haushaltsführung)	home management
Haushaltsinstandhaltung	household maintenance
häusliche Behandlung (Hausbehandlung, Hausbesuch)	treatment at home
häusliche Gewalt	domestic violence
häusliche Pflege	domiciliary care
häusliche Rehabilitation	domestic rehabilitation
häusliche Unterbringung	housing
häusliches Übungsprogramm	home exercise program(me)
Hautempfinden (Tastempfinden)	cutaneous sensibility
Hebekran (Lifter)	hoist
Hebel	lever
heilend (kurativ)	curative
heilendes Spiel	remedial game

heilgymnastische Übungen	remedial exercises
Heilhilfsberuf	remedial profession
Heilung (Genesung)	cure
Heimunterbringung	residential care
helfende Hand	arm pick up stick
Helfer/in (Pflegehelfer/in)	aide
Help-Arm	herring track
Hemiparese	hemiparesis
Hemiplegie	hemiplegia
Hemisphärendysfunktion (hemisphärische Dysfunktion)	hemispheric dysfunction
Hemisphärenspezialisierung (hemisphärische Spezialisierung)	hemispheric specialization
hemisphärische Dysfunktion (Hemisphärendysfunktion)	hemispheric dysfunction
hemisphärische Spezialisierung (Hemisphärenspezialisierung)	hemispheric specialization
Hemmung (Inhibition (der Reizfortleitung, von Bewegungsmustern))	inhibition
herausfordern	challenge, to
Herausforderung	challenge
hervortreten (erscheinen, entstehen)	emerge, to
Herzfehler	cardiac deficiency
Herz-Kreislauf-System (Kreislauf)	circulatory system
Herzstillstand	cardiac arrest, heart arrest
Hilfe (Unterstützung, Beistand)	assistance
Hilfsmittel	adaptive device, adaptive equipment, assistive equipment
Hilfsmittel (Gerät, Vorrichtung)	appliance
Hilfsmittel zur Fortbewegung	mobility aid
Hilfsmittelanpassung	fitting of appliances
Hilfstechnologie	assistive technology
Hindernis (Barriere)	barrier
Hinterbliebenenrente (-pension)	dependents' pension

Hirnblutung	cerebral bleeding, encephalorrhagia
Hirnfunktionsbeeinträchtigung / -störung	impaired brain function
Hirn-Körper	brain-body
Hirnleistungsbeeinträchtigung / -störung	impaired brain performances
Hirnleistungsschwäche	weakness of brain
Hirnnerven	cranial nerves
Hirnnervenkern (Nukleus)	nucleus
Hirnnervenkerne (Nuklei)	nuclei
Hirnschaden (Hirnschädigung)	brain damage
Hirnschädigung (Hirnschaden)	brain damage
Hobbyfindung (Freizeitförderung)	leisure education
Hobbygärtnern	leisure gardening
Hobelbankarbeiten	bench woodwork
hochbetagt (über 75 Jahre)	old-old
Hochsicherheitsabteilung	maximum security ward
Höhe (Grad, Einstufung)	rate
Holismus (Ganzheitlichkeit)	holism
holistisch (ganzheitlich)	holistic
an das Haus gebunden	homebound (housebound)
Hörbereich	audibility range
Hörgeräte	hearing-aids
Hörverlust (Anakusis)	anacusis
Hörvermögen	hearing capacity
Hospitalismus	hospitalism
Hyperreaktivität (Überreaktivität)	hyperresponsivity
Hypertonie	hypertonia
Hypertonus	hypertonus
hypokinetische Erkrankung	hypokinetic disease
Hypotonie	hypotonia
Hypotonizität	hypotonicity

I/J

Ich-Identität	self-identity
Ideenflucht	flight of ideas
ideomotorische Apraxie	ideomotor apraxia
ideopathisch	ideopathic
Implementierung (Umsetzung, Einführung)	implementation
Implikation (Schlussfolgerung, Bedeutung)	implication
in Einzelschritte aufteilen (sequenzieren)	sequencing
individualisierter Lehrplan	individualized education plan
industrielle Arbeitstherapie	industrial therapy
Inferenz (logischer Schluss)	inference
Informationsverarbeitung	information processing
Inhibition (der Reizfortleitung, von Bewegungsmustern) (Hemmung)	inhibition
Inhibitionstechniken	inhibition techniques
Initiierung (Einleiten)	initiation
innere Medizin betreffend (medizinisch)	medical
innerstädtische Mobilität	community mobility
Input (Eingabe)	input
Institutionsunterbringung (Anstaltspflege, stationäre Versorgung)	institutional care
instrumentelle Aktivitäten des täglichen Lebens	instrumental activities of daily life
Integration von Fertigkeiten / Fähigkeiten	integration of skills
Intensivstation	intensive care unit
Interaktionsfertigkeiten	interaction skills
Interaktionsfertigkeiten in Gruppen	skills, group interaction
interaktives Reasoning	interactive reasoning
interaktives Spiel (kooperatives Spiel)	cooperative play

Interdigitalfalte (d1-2)	web space
Interessen	interests
Interessenausprägung (Interessen-stärke)	potency of interests
Interesselosigkeit (Motivations-mangel)	avolition
Interessenstärke (Interessenaus-prägung)	potency of interests
internalisierte Rollen (verinnerlichte Rollen)	internalized roles
Internat (Wohnheim)	residential center, residential centre
Internationale Klassifikation der Schädigungen, Fähigkeitsstörungen und Beeinträchtigungen (ICIDH)	International Classification of Impair ments, Disabilities and Handicaps
interne Fortbildung	inservice education
interpersonelle Intelligenz	interpersonal intelligence
Interrater-Reliabilität	interrater reliability
intersensorische Assoziation (Verbindung)	intersensory association
Intervention	intervention
intrinsische (innenwohnende) Motivation	intrinsic motivation
Intuition (Denken, intuitives)	reasoning, intuitive
Jugend	adolescence
Jugendlicher	adolescent

K

Kapazität (Leistungsfähigkeit)	capacity
kardiopulmonal	cardiopulmonary
kardiovaskulär	cardiovascular
Kartenhalter	card holder
Katapultsitz	ejector seat
Kategorisierung	categorization
Kernfähigkeiten (Kernfertigkeiten, Basisfertigkeiten)	core skills
Kernfertigkeiten (Basisfertigkeiten, Kernfähigkeiten)	core skills
Kerngewohnheiten (zentrale Gewohnheiten)	core habit
Kinästhesie	kinesthesia
Kindergeld	child benefits
Kindesmissbrauch	child abuse
kinetische / kinästhetische Aktivitäten	kinetic activities, kinesthetic
Klarheit (Schärfe)	acuity
Klärung (Abklärung)	clarification
Kleiderbügel-Anziehhilfe	coathanger aid
Kleidergeld	clothing allowance
Kleidergeld (für besondere Abnutzung)	allowance for abnormal wear and tear of clothing
Kleiderpflege (Kleiderfürsorge)	clothing care
Kleidungsfürsorge (Kleiderpflege)	clothing care
Kleinhirn (Cerebellum)	cerebellum
Klient	client
klientenzentrierte Rehabilitation	client-centered rehabilitation
Klientenzentriertheit	client-centredness
Klinik (Praxis)	clinic
klinische Beobachtungen (gezielte Beobachtungen zur sensomotorischen Integration (nach J. Ayres))	clinical observations
klinische Untersuchungen	clinical assessment

Klonus	clonus
klopfen (Tapping)	tapping
Klumpfuß	clubfoot
Knöpfhilfe (Knopflochhilfe)	buttonhook
Knopflochdeformität	boutonniere deformity, buttonhole deformity
Knopflochhilfe (Knöpfhilfe)	buttonhook
Knorpel	cartilage
Koabhängigkeit	codependence
Koffergriff	suitcase grip
Kognition	cognition
kognitive Entwicklung	cognitive development
kognitive Fähigkeitsstörung	cognitive disability
kognitive Fertigkeiten	skills, cognitive
kognitive Komponenten	cognitive components
kognitive Therapie	cognitive therapy
kognitives Lernen	cognitive learning
Kokontraktion	cocontraction
Koma	coma
Kommunikationshilfen	communication aids
Komorbidität	co-morbidity
kompensatorische Bewegungen (Ersatzbewegungen)	compensatory movement
Kompetenz	competence
Kompetenzverhalten	competency behavio(u)r
Komponenten (Teile) eines Konzepts	conceptual components
Konditionierung	conditioning
Konditionierung, klassische	classical conditioning
kongenitale (intrauterine) Amputation	congenital amputation
konkrete gedankliche Planung	concrete operational thought
konkretes operationales Stadium	concrete operational stage
Konsiliar- (Berater)	consultant
Konstrukt	construct
Konstruktionsdyspraxie	constructional dyspraxia

Konstruktionsfähigkeiten	constructional abilities
Konstruktionspraxie	constructional praxis
Konstruktvalidität	construct validity
Kontraktur	contracture
Kontrollüberzeugung	sense of control
Konversionsneurose	hysterical conversion
konzentrieren (fokussieren)	focus, to
Konzeptbildung (Begriffsbildung)	concept formation
konzeptionelles Lernen	conceptual learning
konzeptionelles Modell	conceptual model
konzeptionelles Praxismodell	conceptual practice model
kooperatives Spiel (interaktives Spiel)	cooperative play
kooperierende Gruppe	cooperative group
Koordination	coordination
Koordinationsschwäche	incoordination
koordinierte Pflege	coordinated care
Kopfverletzung	head injury
koronare Herzerkrankung (Abk: KHK)	coronary artery disease
Körper und Seele betreffend (psychophysisch)	psychophysical
körperbehindert	physically disabled
Körperbild	body image
körperliche Anforderungen	physical demands
körperliche Ausdauer / Toleranz	physical endurance / tolerance
körperliche Fertigkeiten	physical skills
körperliche Schädigung	physical impairment
körperliche Störung	physical disorder
Körpermittellinie	body midline
Körper-Perzept (Modell vom Körper, durch kognitive Erfahrungen erarbeitet)	body percept
Körperpflege	grooming, personal care

Körperprozesse	body processes
Körperschema	body scheme
Körpersprache	body language
Kostenerstattung, Erstattung	reimbursement
Kraft	strength
Krampf	cramp
Krankengeschichte	clinical report
Krankengeschichte (Anamnese)	case history
Krankengeschichte (Bericht, Akte)	record
Krankenhauspatient (stationärer Patient)	in-patient
Krankenhauspflege (Spitalspflege)	hospital care
Krankenpfleger/in	medical attendant
Krankenversicherung	health insurance
Krankenversicherung	sickness insurance
Krankheit	disease
Krankheit (Erkrankung)	illness
Krankheit, fortschreitende	active progressive disease
krankheitsfördernde (pathologische) Bedingungen	pathological conditions
Kreislauf (Herz-Kreislauf-System)	circulatory system
Kriegsopfer	war victim
Krisenintervention	crisis intervention
Kriterienvalidität	criterion validity
Kriterium	criterion
Küchentraining	training of kitchenwork
Kugelgriff (Ballgriff)	ball grip
kulturell	cultural
kulturelle Barrieren	customs barriers
Kunst	art
Kunsthandwerk	arts and crafts
kurativ (heilend)	curative
Kurort (Erholungsort)	health resort
Kursus (Verlauf)	course

kurzatmig	short of breath
Kurzzeitgedächtnis	short-term memory
Kyphose	kyphosis

L

Lagerung (positionieren)	positioning
Lagerung zur Verhinderung von Deformitäten	anti-deformity positioning
Lagerungsschiene	resting splint
Lagesinn	position sense
Lähmung (Paralyse)	paralysis
Langzeit-	long-term
Langzeiteinrichtung (Nachsorge-einrichtung)	continuing care hospital
Langzeitgedächtnis	long-term memory
Langzeitkonsequenzen	long-term consequences
Langzeitpatient	long-term patient, long stay patients
Langzeitpflege	long-term care
Lateralisierung (Lateralität, Seitigkeit(sentwicklung))	lateralisation, laterality
Lateralität (Lateralisierung, Seitigkeit(sentwicklung))	lateralisation, laterality
Lebenserwartung	life expectancy
Lebensqualität	quality of life
Lebensraum	life space
Lebensrollen	life roles
Lebensrückblick	life review
Lebensspanne	life span
Lebensstil, ausgewogener	balanced lifestyle
Lebenszyklus	life cycle
Lehrkörper (Fakultät, akademisches Personal)	faculty
Lehrkräfte	teaching staff
Leistungsfähigkeit (Effizienz)	efficiency
Leistungsfähigkeit (Kapazität)	capacity
Leistungsfertigkeiten (Performanzfertigkeiten)	performance skills
leistungsorientiertes Verhalten (Leistungsverhalten)	achievement behavio(u)r

Leistungsverhalten (leistungsorientiertes Verhalten)	achievement behavio(u)r
Leitbild	mission statement
Lernaktivitäten (Ausbildungsaktivitäten, Bildungsaktivitäten)	educational activities
Lernbehinderung	learning disability
Lernen	learning
Lernen durch Erfahrung	experiential learning
Lernpsychologie (Erziehungspsychologie)	educational psychology
Lernstörung	learning disorder
Lerntheorie	learning theory
Leugnen (Abwehr, Ablehnung)	denial
Lifter (Hebekran)	hoist
limbisches System	limbic system
lockern	loosen, to
Lockerung	loosening
logischer Schluss (Inferenz)	inference
Logopäde/-in (Sprachtherapeut)	speech therapist
Lohnersatzleistung	work compensation salary
Lohnfortzahlung im Krankheitsfall	sickness benefit
Lokalisation / Lokalisierung taktiler Stimuli	localization of tactile stimuli
Lordose	lordosis
lumbal	lumbar
Luxation (Verrenkung)	dislocation

M

Mahlzeiten zubereiten	meal preparation
Major Depressive Störung	major depressive disorder
Mangel	lack
mangelhafte Reizaufnahmebereitschaft	pre-stimulus arousal deficiency
mangelnde Anpassung	maladjustment
manipulieren (beeinflussen, behandeln)	manipulate, to
manuelle Fertigkeiten (Handfertigkeiten)	handskill
manueller Muskeltest	manual muscle testing
manuelles Formerkennen	manual form perception
Maß (Messinstrument, Maßnahme)	measure
Maßnahme ergreifen	to take measure, to take action
mechanische Geräte / Werkzeuge	mechanical devices
mechanistisches Denken	mechanistic thinking
Medikamentierungsroutine (regelmäßige und sorgfältige Einnahme von Medikamenten)	medication routine
medizinisch (innere Medizin betreffend)	medical
medizinische Aufzeichnungen	medical notes
medizinische Behandlung	medical treatment
medizinische Dienste der Gemeinde	community medicine
medizinische Versorgung	medical care
Mehrfachbehinderung	multiple disabilities
Meningitis	meningitis
Messen des Bewegungsausmaßes	measurement of range of movement
Messinstrument (Maß, Maßnahme)	measure
Messwert	scale rate
metastasieren	metastasize, to
Methode (Ansatz)	approach
Mikrozephalus	microcephalus
Milieutherapie	milieu therapy

minderjähriges Kind	under-age child
Mindestpension (Grundrente)	basic pension
minimale Hirnschädigung	minimal brain damage
minimale zerebrale Dysfunktion (Abk: MCD)	minimal brain dysfunction, minimal cerebral dysfunction
Missbildung	malformation
Missbrauch	abuse
Missbrauch des Ehepartners	spouse abuse
Mittel (Ursache, Agens)	agent
Mittellinie	midline
Mittellinien-Kreuzung (Mittellinien-Überkreuzung)	crossing the midline
mobil (gehfähig)	ambulatory
Mobilität	mobility
Mobilitätstraining	mobility training
Modell menschlicher Betätigung	Model of Human Occupation
Modell persönlicher Anpassung durch Betätigung	Model of Personal Adaptation through Occupation
Modell-Bezugsrahmen	conceptual framework
modellieren	modelling
Modelling (Therapieform des Lernens am Modell)	modelling
Modellversuch	demonstration (pilot) project
Modulation	modulation
Morbus Bechterew	ancylosis spondilitis
Morbus Dupuytren (Dupuytren'sche Kontraktur)	Dupuytren's contracture
Moro-Reflex	Moro reflex
morphologische Störungen (organische Erkrankungen)	morphological disorders
Motivationsmangel (Interesse-losigkeit)	avolition
motorbetriebenes Behinderten-fahrzeug	motorized invalid carriage, motorised invalid carriage

motorisch (Bewegung betreffend)	motor
motorische Anpassungsreaktion	somatomotor adaptive response
motorische Entwicklung	motor development
motorische Fähigkeitsstörung (Bewegungsstörungen)	motor disability
motorische Fertigkeiten	motor skills
motorische Genauigkeit	motor accuracy
motorische Handlungsabfolge / -sequenz	sequence of motor actions
motorische Kontrolle (Steuerung)	motor control
motorische Planung (Bewegungsplanung)	motor planning
motorische Planung (Praxie (Handlungsplanung und -durchführung))	praxis
motorische Praxie	motor praxis
motorische Schädigung	motor impairment
motorische Schwierigkeiten	locomotor difficulties
motorische Steuerung	motor control
motorische Tests	motor tests
motorische Unkoordiniertheit	motor incoordination
motorisches Lernen	motor learning
motorisches Verhalten	motor behavio(u)r
Mundhygiene	oral hygiene
Mundstab	mouth stick
Muskelanspannung (Anspannung)	contraction
Muskelatrophie	muscular atrophy
Muskeldystrophie	muscular dystrophy
Muskelkraft	muscle power, muscle strength
Muskelkräftigung	muscle strengthening
Muskelleistung	muscular effort
Muskeln kräftigen	build up muscle power, to
Muskelschwäche	muscle weakness

Muskeltest	muscle testing
Muskeltonus	muscle tone
Muskeltraining	muscle building
Muskelumfang	muscle bulk
muskuläre Ausdauer	muscle endurance
muskuläres Ungleichgewicht	muscle imbalance
Muskulatur und Skelett betreffend	musculoskeletal
Muster	pattern
Muster kopieren / nachzeichnen	design copying
Mutterschaft	maternity
myoelektrische Prothese	myoelectric prosthesis

N

Nachforschung (Forschung, Untersuchung)	research (investigation)
Nachsorge (Nachuntersuchung)	follow up
Nachsorgebeihilfen	after-care allowance
Nachsorgeeinrichtung (Langzeiteinrichtung)	continuing care hospital
Nachuntersuchung (Nachsorge)	follow up
Nahrung anreichen / zuführen	feeding
Nahrungsaufnahme (zuführen, kauen, schlucken)	feeding and eating
Narbe	scar
narrativ, lebensgeschichtliche Erzählung	narrative
nationale Krankenversicherung (GB)	national health insurance
Nebenwirkung	side-effect
negative Verstärkung	negative reinforcement
Neocortex (Großhirnrinde)	cerebral cortex
Nervenzusammenbruch	nervous breakdown
nervlich, Nerven- (nervös, aufgeregt)	nervous
nervös (aufgeregt, nervlich, Nerven-)	nervous
neurologische Störung	neurological disorder
neuromotorisches Lernen	neuromotor learning
neuromuskulär und Bewegungsapparat	neuromusculoskeletal
neuromuskulär, Nerven und Muskeln betreffend	neuromuscular
neuromuskuläre Fazilitation	neuromuscular facilitation
neuromuskuläre Inhibition	neuromuscular inhibition
neuromuskuläres Umschulen / Reedukation	neuromuscular re-education
Neuron	neuron
neuronale Entwicklung (neurophysiologische Entwicklung)	neurodevelopment

neuronales Modell	neuronal model
neurophysiologische Behandlungsverfahren	neurodevelopmental techniques
neurophysiologische Entwicklung (neuronale Entwicklung)	neurodevelopment
Neuro-Verhaltensansatz	neurobehavio(u)ral approach
Neuro-Verhaltens-Funktionen	neurobehavio(u)ral functions
Neuro-Verhaltens-Grundlagen	neurobehavio(u)ral foundations
nicht-standardisierte Assessments	assessments, non-standardized
niedrige Qualität	poor quality
Niedrigtemperatur-thermoplastisches Material	low-temperature thermoplastics
Notfall (Dringlichkeit)	emergency
Notfallabteilung	accident emergency department
Notfallreaktion	emergency response
Nuklei (Hirnnervenkerne)	nuclei
Nukleus (Hirnnervenkern)	nucleus
Nystagmus	nystagmus

O

Oberarmamputierte, -r	upper-arm amputee
Oberflächensensibilität	superficial sensibility
Oberschenkelamputierte, -r	thigh amputee
Oberschenkelgelenkpfanne	thigh socket
Objektbeziehungen	object relations
Objektkomplexität	object complexity
öffentlicher Krankenpflegedienst (Sozialstation)	community nursing service
Ökologie	ecology
ökologische Variablen (Umweltvariablen)	ecological variables
orale Defensivität	oral defensiveness
orale motorische Aktivitäten	oral motor activities
orale Praxie	oral praxis
Ordner (Patientenakte)	file
organische Erkrankungen (morphologische Störungen)	morphological disorders
Orientierung	orientation
Orthese	orthosis
Orthetik	orthotics
Orthopädie	orthopaedics, orthopedic
Orthopädiemechaniker	limb fitter, orthotist
Orthopädiemechaniker (Prothesentechniker)	prosthetic technician
orthopädische Hilfsmittel / Ausstattung	orthopaedic supplies
orthopädische Störung / Behinderung	orthopaedic disorder
orthopädische Werkstatt	artificial limb appliance center, limb fitting center, limb fitting centre
orthopädischer Chirurg	orthopaedic surgeon
orthopädisches Hilfsmittel	orthopaedic appliance
Orthoptik	orthoptics
Ösen	eyelets

ösophageale Sprache	esophageal speech
Osteoarthritis	osteoarthritis
Ostomie (Stoma)	ostomy
Output (Ertrag, Ergebnis)	output

P

pädagogische Maßnahmen	educational measures
Pädiatrie	pediatrics
Pädiatrisches Assessment der Selbstversorgungsaktivitäten	Pediatric Assessment of Self-Care Activities
palliative Pflege	palliative care
Panikattacke	panic attack
Panikstörung	panic disorder
Paradigma	paradigm
Paraffinbad	wax bath
parallele Interventionen	parallel interventions
paralleles Spiel	parallel play
Paralyse (Lähmung)	paralysis
paramedizinisches Personal (ärztliches Hilfspersonal)	paramedical staff
passive Muskelübungen	passive muscle exercise
passives Bewegungsausmaß	passive range of motion / movement
pathologische Bedingungen (krankheitsfördernde)	pathological conditions
pathologische reflektorische Bewegungsmuster	pathological reflex patterns
Patientenakte (Ordner)	file
Peer Review (Überprüfung durch Ebenbürtige)	peer review
Pension (Altersrente)	retirement pension
Pension (Hinterbliebenenrente)	dependents' pension
Pension auf Lebenszeit (Rente auf Lebenszeit)	life (permanent) pension
Performanz (Ausführung, Tätigkeit)	performance
Performanzbereiche (Tätigkeitsbereiche, Handlungsbereiche)	performance areas
Performanzfertigkeiten (Leistungsfertigkeiten)	performance skills
Performanzkomponenten	performance components

Performanzkontext (Handlungskontext, Betätigungskontext)	performance context
Performanz-Subsystem (Ausführungs-Subsystem)	performance subsystem
Peroneusschiene	caliper
Personal	staff, personell
Personal im Gesundheitswesen	health care staff
persönlich	personal
persönliche Anpassung	personal adaptation
persönliche Zufriedenheit	personal satisfaction
Persönlichkeitsmerkmal	personality trait
Person-Umwelt-Anpassung	person-environment fit
Person-Umwelt-Interaktionen	person-environment interactions
Perspektive der Lebensspanne	life span perspective
Perzeptionstraining (Wahrnehmungstraining)	perceptual training
perzeptomotorisch	perceptual-motor
perzeptomotorische Fähigkeiten (sensomotorische Fähigkeiten, Wahrnehmungs- und motorische Fähigkeiten)	perceptual motor skill
perzeptomotorische Störungen	perceptual-motor disabilities
Pfannenplastik	cup arthroplasty
Pferdschaukel (Rollenschaukel)	bolster swing
Pflaster (Gips)	plaster
Pflege	care (attendance), nursing
Pflege der eigenen Hilfsmitteln	personal device care
Pflegefamilie (Pflegeheim)	foster-home
Pflegegeld (Schwerstdauerpflegegeld)	constant attendance allowance
Pflegeheim (Pflegefamilie)	foster-home
Pflegehelfer/in (Helfer/in)	aide
Pflegeperson (Begleiter, Aufsichtsperson)	attendant

Pflicht- (Zwangs-)	compulsion, compulsory
Pflicht-Berichterstattung	compulsory reporting
Phantomglied	phantom limb
Physiotherapeut/in	physical therapist
Physiotherapie	physical therapy
physisch	physical
physische Fähigkeitsstörung	physical disability
Pinzette	tweezers
plastische Chirurgie	plastic surgery
Platzierung (Praktikumstelle, Vermittlung)	placement
plexus brachialis	brachial plexus
Polster (Futter)	pad
Polster, Polsterung, Sofakissen	cushion
polstern (füttern)	pad, to
Polsterung (von Schienen) (Futterstoffe)	linings
positionieren (Lagerung)	positioning
postrotatorischer Nystagmus	postrotatory nystagmus
postural (Haltungs-)	postural
posturale Praxie (Haltungspraxie)	postural praxis
postural-okuläre Bewegungsstörung	postural-ocular disorder
Posturalreflex (Haltungsreflex)	postural reflex
Praktikabilität (Anwendbarkeit, Brauchbarkeit)	utility
Praktikum (praktische Arbeit / Ausbildung)	fieldwork
Praktikumstelle (Vermittlung, Platzierung)	placement
praktisch tätige/r Therapeut/-in (z.B. Ergotherapeut/-in)	clinician
praktische Arbeit / Ausbildung, (Praktikum)	field work
Praktizierender (z.B. Ergotherapeut)	practitioner

Praxie (Handlungsplanung und -durchführung) (motorische Planung)	praxis
Praxie auf verbale Anweisung	praxis on verbal command
Praxis (eines Heilmittelerbringers oder Mediziners)	private practice
Praxis (Klinik)	clinic
Praxisanleiter, Praktikumsanleiter	clinical supervisor, fieldwork educator
Prellung (Quetschung, Bluterguss)	bruise
Prinzipien und Medien des Berufes	legitimate tools
Pro und Kontra (Argumente dafür und dagegen)	pros and cons
Problem beheben (Problem lösen)	resolve a problem, to
Problem einordnen	frame a problem, to
Problem lösen (Problem beheben)	resolve a problem, to
Problemfälle (schwere Fälle)	severe cases
Problemlösung	problem solving
Produktivität	productivity
Profession (Beruf)	profession
professionell (beruflich, berufsspezifisch)	professional
progressive Muskelatrophie	motor neuron disease
projektive Techniken (Gestaltungstherapie)	projective techniques
Propriozeption (Eigenwahrnehmung (durch Propriorezeptoren))	proprioception
propriozeptiv	proprioceptive
Prothese	prosthesis, prosthetic aid
(Prothese); mit einer Prothese umgehen	operate (to) a prosthesis
Prothesenanpassung	limb fitting
Prothesenhersteller	prosthetist
Prothesentechniker (Orthopädiemechaniker)	prosthetic technician

Prothesentraining	prosthetic (amputee) training
Prothetik	prosthetics
provozierendes Verhalten	challenging behavio(u)r
Prozess	process
Psychiater	psychiatrist
Psychiatrie	psychiatry
psychisch beeinträchtigt (ICIDH: psychische Fähigkeitsstörung)	psychiatrically disabled
psychisch krank	mentally ill
psychische Fähigkeitsstörung (ICIDH) (psychische Beeinträchtigung)	psychiatrically disabled
psychische Gesundheit (geistige Gesundheit)	mental health
psychische Störung (geistige Störung)	mental disorder
Psychologe	psychologist
psychologische Beratung	psychological guidance
psychologische Fertigkeiten	psychological skills
psychologische Komponenten	psychological components
psychologische Maßnahmen	psychological measures
psychometrisch	psychometric
Psychopharmaka	antipsychotics
psychophysisch (Körper und Seele betreffend)	psychophysical

Q

Qualität, niedrige	poor quality
Qualität der Arbeitsausführung	work or job performance
Qualitätssicherung	quality assurance
Querschnittszentrum (Abteilung für Rückenmarksverletzungen)	spinal injury unit
Quetschung (Prellung, Bluterguss)	bruise

R

Rampe	ramp
Raumlage, Stellung im Raum	position in space
räumlich-zeitliche Muster	spacial-temporal patterns
räumliche Beziehungen	spatial relations
räumliche Ebenen der Bewegung	planes of motion
räumliche Operationen	spatial operation
räumliche Orientierung	spatial orientation
räumliche Orientierung (topographische Orientierung)	topographical orientation
räumliche Vorstellung	spatial image
räumliche Vorstellung / Visualisierung	space visualization
räumliche Wahrnehmung	space perception
räumliches Vorstellungsvermögen	spatial operation
Raumwahrnehmung	space perception
reagieren (beantworten)	respond, to
reagieren, auf etwas ... (z.B. auf eine Therapie)	responsive, to be ... to
Reaktion (Antwort)	response
Reaktionsfähigkeit	responsiveness
Reaktionsmuster (Reflexmuster)	reflex patterns
Realitätsbezug (Realitätsorientierung, Realitätssinn)	reality orientation
Realitätsorientierung (Realitätsbezug, Realitätssinn)	reality orientation
Realitätssinn (Realitätsorientierung, Realitätsbezug)	reality orientation
Realitätstherapie	reality therapy
Realitätsüberprüfung	reality testing
Reasoning (Begründen, Entscheiden, Denken)	reasoning
Reasoning, klinisches	clinical reasoning
Reasoning, klinisches (Denken und Entscheiden in klinischer Praxis)	reasoning, clinical

Reasoning, narratives (Denken in Geschichten)	reasoning, narrative
Rechtshilfe	legal aid
Rechts-links-Unterscheidung	right-left discrimination
Referenz (Verweis)	reference
Reflex, Reaktion	reflex
Reflexmuster (Reaktionsmuster)	reflex patterns
regelmäßige Einnahme von Medikamenten	medication routine
Regelschule	ordinary school
regionale Ärztekammer	district medical board
registriert (eingetragen)	registered
Rehaberater (Rehabilitationsberatung)	rehabilitation counselling (counsellor)
Rehabilitation (Umschulung)	rehabilitation (retraining)
Rehabilitationsbeihilfe	rehabilitation allowances
Rehabilitationsberater	rehabilitation consultant
Rehabilitationsberatung (Rehaberater)	rehabilitation counselling (counsellor)
Rehabilitationseinrichtungen	rehabilitation facilities
Rehabilitationspersonal	rehabilitation staff
reif	mature
Reifung	maturation
reinigen, sauber machen	cleaning
Reizaufnahme	sensory inflow, sensory intake
Reizempfindlichkeit	stimulus sensitivity
Reizverarbeitung (Verarbeitung sensorischer Reize)	sensory processing
Reizverarbeitung (Wahrnehmungsverarbeitung)	perceptual processing
Rekonvaleszenz	convalescence
Reliabilität	reliability
Rente auf Lebenszeit (Pension auf Lebenszeit)	life (permanent) pension

Rentenantrag	application for pension
Restleistungsfähigkeit	residual capacity
retardiert (im Sinne geistiger Entwicklungsverzögerung)	mentally retarded
retardiert (verzögert)	retarded
Retikularformation (formatio reticularis)	reticular core
rezeptfreies Medikament	over-the-counter-medicine
Rezeptor	receptor
Rheuma (rheumatoide Arthritis)	rheumathoid arthritis
Rheumatikerschere (mit Federbügel)	banded scissors
rheumatoide Arthritis (Rheuma)	rheumathoid arthritis
Richtziel (Ziel)	aim
Rigidität (Starrheit, Steifheit)	rigidity
Rollbrett	prone scooter
Rollenbalance	role balance
Rollengestaltung	role making
Rollenkonflikt	role conflict
Rollenperformanz (Rollenverhalten)	role performance
Rollenschaukel (Pferdschaukel)	bolster swing
Rollenübernahme	role taking
Rollenverhalten (Rollenperformanz)	role performance
Rollenverlust	role loss
Rollenverschleierung	role blurring
Rollenverständnis	understanding of one´s role
Rollstuhl	wheelchair
Rollstuhl, elektrischer	electric wheelchair
Rollstuhl, motorbetriebener	powered wheelchair
Rollstuhl, nicht faltbarer	non-collapsible wheelchair
Rollstuhltraining	wheelchair training
Rollwagen	prone cart
Routinearbeit (Routineaufgabe)	routine work, routine task
Routineaufgabe (Routinearbeit)	routine task
Rückenlage	supine position

Rückenlehne	back rest
Rückenmark	spinal cord
Rückenverletzung	back injury
Rückschluss (Schlussfolgerung, Folgerung)	conclusion
Ruhe (Erholung)	rest
Ruhestandsplanung (Altersplanung)	retirement planning
Rumpfkontrolle	trunk control
Rutschbrett	transfer board
rutschfeste Unterlage (rutschfester Belag)	non-slip covering, slip mat
rutschfester Belag (rutschfeste Unterlage)	non-slip covering, slip mat

S

Sachleistung	aid in kind
Saugprothese (Vakuumprothese)	suction prosthesis (vacuum prosthesis)
Schädigung (ICIDH)	impairment
Schalensitz	molded seat chair
Schärfe (Klarheit)	acuity
Schiene	brace, splint
Schienenschellenapparat	bilateral long-leg braces
schlaff	flaccid, floppy
Schlaffheit	flaccidity
Schlaganfall	stroke
Schlaganfall (Zerebrovaskulärer Insult (Abk: CVI))	cerebrovascular accident
Schlaganfall, leichter	mild stroke
Schlaganfallpatient	stroke patient
Schlagen des Ehepartners	spouse battering
schlecht angepasst (fehlangepasst)	maladaptive
Schlinge	sling
Schlüsselgriff	keygrip
Schlussfolgerung (Folgerung, Rückschluss)	conclusion
Schlussfolgerung, implizite (Implikation, Bedeutung)	implication
Schmerz	pain
Schmerzgrenze	pain limit
Schmerzreaktion	pain response
Schmuckprothese	cosmetic terminal device
Schreibhilfen	writing aids
Schrittmacher	pacemaker
Schub (bei Rheuma) (wiederaufflammen)	flare up
Schub, akuter	acute push
Schuhlöffel	shoehorn
Schülerberatung, -anleitung	pupil guidance

schulischer Werdegang	educational history
schulisches Lernen	academic learning
Schultersteife	frozen shoulder, shoulder stiffness
Schulung am Arbeitsplatz	training (on-the-job)
Schulungszentrum für Blinde	training center for the blind
Schutzreaktion	protective extension
Schutzreflex	protective reflex
Schwäche (Debilität)	debility
Schwäche (Gebrechlichkeit)	infirmity
Schwellung	swelling
Schwerbehindertenrente	severe disablement allowance
Schwerbehinderter	severely disabled person
Schwerbehinderung (schwere Fähigkeitsstörung)	severe disability
schwere Fähigkeitsstörung (Schwerbehinderung)	severe disability
schwere Fälle (Problemfälle)	severe cases
schwere Retardierung	severe retardation
Schwerhörigkeit	hardness of hearing
Schwerkraftüberempfindlichkeit	hypersensitivity to gravity
Schwerkraftunsicherheit	gravitational insecurity
Schwerpunkt	center of gravity
Schwerpunkt setzen (beleuchten, betonen)	highlight, to
Schwerstdauerpflegegeld (Pflegegeld)	constant attendance allowance
Sehne	tendon
Sehschärfe (Sehvermögen)	visual acuity
Sehstörung	sight (visual) disturbances
Sehtest	eyesight testing
Sehvermögen (Sehschärfe)	visual acuity
Seitigkeit (-sentwicklung) (Lateralisierung, Lateralität)	lateralisation, laterality

Selbstausdruck (Selbstdarstellung, Ausdruck der eigenen Persönlichkeit)	self-expression
Selbstbehauptung (Durchsetzungsvermögen)	assertiveness
Selbstbehauptungstraining (Training der Durchsetzungsfähigkeit)	assertiveness training
Selbstbild	self-image, personal causation
Selbstbild (Selbstkonzept)	self-concept
Selbstdarstellung (Selbstausdruck, Ausdruck der eigenen Persönlichkeit)	self-expression
Selbsteinschätzung (Selbstwertgefühl)	self-esteem
Selbsthilfe	self-help
Selbsthilfeeinrichtung	self-help center
Selbsthilfegruppe (Betroffenengruppe)	mutual support group
Selbstkontrolle (Selbststeuerung)	self-control
Selbstkonzept (Selbstbild)	self-concept
Selbstorganisation	self-management
Selbstsicherheit	self-reliance
selbstständig (unabhängig)	independent
Selbstständigkeit (Unabhängigkeit)	independence
Selbststeuerung	self-direction
Selbststeuerung (Selbstkontrolle)	self-control
Selbstversorgung	self-care
Selbstversorgungsfähigkeiten	self-care skills
Selbstverständnis	self-understanding
Selbstvertrauen	self-confidence
Selbstverwirklichung	self-actualization
Selbstwahrnehmung	self-perception
Selbstwertgefühl (Selbsteinschätzung)	self-esteem
Selbstwirksamkeit	self-efficacy

Sensibilität (Feingefühl, Empfindsamkeit)	sensitivity
Sensibilitätsbeeinträchtigung/-störung	impaired sensibility
Sensibilitätstraining	sensibility training
sensomotorisch	sensorimotor
sensomotorische Fähigkeiten (Wahrnehmungs- und motorische Fähigkeiten, perzeptomotorische Fähigkeiten)	perceptual motor skill
sensomotorische Komponenten	sensorimotor components
sensorische (Reiz-)Registrierung	sensory registration
sensorische Bewusstheit (Sinneswahrnehmung)	sensory awareness
sensorische Defensivität	sensory defensiveness
sensorische Deprivation	sensory deprivation
sensorische Integration	sensory integration
sensorische Integrationsstörung	sensory-integrative dysfunction
sensorische Schädigung	sensory impairment
sensorische Testung	sensory testing
sensorischer Output	sensory output
sensorisches Gedächtnis	sensory memory
sensorisches Hilfsmittel	sensory aid
Sensory Integration and Praxis Test	Sensory Integration and Praxis Test
sequentielle Bewegungsmuster	sequenced movements
sequenzieren (in Einzelschritte aufteilen)	sequencing
Sequenzierungs-Praxie	sequencing praxis
Setting (in dem ein Verhalten stattfindet)	behavio(u)r / behavio(u)ral setting
Sexualität (sexueller Ausdruck)	sexual expression
sexueller Ausdruck (Sexualität)	sexual expression
Sicherheitsmaßnahmen (Sicherheitsvorkehrungen)	safety procedure

Sicherheitsvorkehrungen (Sicherheitsmaßnahmen)	safety procedure
Signal (Anregung)	cue
simulierte Bedingungen	simulated conditions
Sinnesmodalitäten	sensory modalities
Sinneswahrnehmung (sensorische Bewusstheit)	sensory awareness
Sinnhaftigkeit	meaningfulness
Sinnhaftigkeit von Aktivitäten	meaningfulness of activities
sinnvolle Aufgaben	meaningful tasks
Sitte (Brauch)	custom
Sitzbalance	seatbalance
Sitzfläche eines Hockers	stool seating
Sitzsack (Bohnensack)	bean bag
solitäres Spiel (Einzelspiel)	solitary play
Somatodyspraxie	somatodyspraxia
Somatopraxie	somatopraxis
Sonderschulbildung (Sonderschulzweig)	special education
Sonderschule	special school
Sonderschule für Behinderte	special school for the disabled, special school for the handicapped
Sonderschullehrer	special education teacher, specialist teacher
Sonderschulzweig (Sonderschulbildung)	special education
Sorge, Angst	anxiety
sozial	social
Sozialarbeit	social work
soziale (Einzel-)Fallarbeit	social casework
soziale Angemessenheit von Gewohnheiten	social appropriateness of habits
soziale Dienste	social services
soziale Entwicklung	social development

soziale Funktion	social function
soziale Hilfestellung	social aid
soziale Maßnahmen	social measures
soziale Unterstützung	social support
sozialer Abstieg	social degrading
soziales Auftreten	social conduct
soziales Entwicklungsprogramm	social development plan
Sozialfürsorge (Sozialhilfe)	social welfare
Sozialhilfe (Sozialfürsorge)	social welfare
Sozialisation	socialization
Sozialstation (öffentlicher Krankenpflegedienst)	community nursing service
Soziopathie (dissoziales Verhalten)	antisocial personality disorder
Spannung, Anspannung	suspense
Spastik mindern (Tonus senken)	reduce spasticity, to
Sphärengriff	span grip
Spiel- oder Freizeitaktivitäten	play or leisure activities
Spiel- oder Freizeitperformanz, Spiel- oder Freizeitverhalten, Spiel- oder Freizeitdurchführung	play or leisure performance
Spieltheorie	play theory
Spitalspflege (Krankenhauspflege)	hospital care
Spitzgriff	pinch grip
Splitterfertigkeit (Teilfertigkeit)	splinter skill
Spontanheilung	spontaneous recovery
Spracherwerb	language acquisition
Sprachstörung	language dysfunction
Sprachstörung	speech disorder
Sprachstörung, auditiv bedingte	auditory language dysfunction
Sprachtherapeut (Logopäde/in)	speech therapist
Spreizkeil (Adduktionskissen)	adductor pads
stabil	stable
stabiler Zustand	steady state
Standardpflege	regular care

stärken, kräftigen	strengthen, to
Starrheit (Rigidität, Steifheit)	rigidity
stationäre Behandlung	hospitalisation (in-patient treatment)
stationäre Versorgung (Anstaltspflege, Institutionsunterbringung)	institutional care
stationärer Patient (Krankenhauspatient)	in-patient
statisch	static
Stauungsinsuffizienz (des Herzens)	congestive heart failure
Steh- und Gehbalance	standing and walking balance
Steifheit (Starrheit, Rigidität)	rigidity
steigern (vergrößern, erhöhen)	increase, to
Steigung, Steilheit	gradient
Stellensuche	job aquisition
Stellreaktionen / -reflex	righting reactions / reflex
Stellung (Haltung)	posture
Stereognosie	stereognosis
Steuerung der Augenbewegungen	control of eye movements
Steuerung der Mundmotorik	oral-motor control
Steuerung durch Hemmung	inhibitory control
Stimmung	mood
Stipendium (Auszeichnung)	grant, award
Stipendium (Ehrenmitgliedschaft, Gemeinschaftssinn)	fellowship
Stipendium (einmaliger Zuschuss, Beihilfe)	allowance
Stoma (Ostomie)	ostomy
Störung	disorder, disturbance
Störung, erworbene	acquired disorder
Störungsmuster	patterns of dysfunctions
Streckung (Extension, Erweiterung, Anbau)	extension
Strickleiter	rope ladder
strukturelle Komplexität	structural complexity

strukturieren	structuring
strukturierendes Umfeld	structuring environment
Strumpfanzieher	stocking gutter
Strumpfhose	tights
Stufe (einstufen)	grade
Stumpf	stump
Stumpfstrumpf	stump sock
Stütze(n)	crutch(es)
Stützreaktion	support reaction
subjektive Messung	subjective measure
Sucht (Abhängigkeit)	addiction
Süchtiger (Drogenabhängiger)	drug dependent, drug addict
suchtkranker Mensch (Abhängiger)	addict
Suchtmittel	addictive drug
Symbol für Zugangsmöglichkeiten	sign indicating accessibility
symbolische Bedeutung, Symbolgehalt	symbolic meaning
symmetrischer tonischer Nackenreflex (Abk. STNR)	symmetrical tonic neck reflex
Synapse	synapse
systemische Theorie, Systemtheorie	systems theory

T

Tagesklinik	day clinic (center, hospital)
Tagessatz	per diem rate
Tagesschiene	daytime splint
taktile Abwehr (taktile Defensivität)	tactile defensiveness
taktile Defensivität (taktile Abwehr)	tactile defensiveness
taktile Diskrimination (taktile Unterscheidung, taktile Differenzierung)	tactile discrimination
taktile Sensibilität (Tastempfinden)	tactile sensibility
taktile Überempfindlichkeit	hypersensitivity to touch
taktil-kinästhetisch	tactile-kinesthetic
Talent (Begabung, Eignung)	aptitude
Tapping (klopfen)	tapping
Taschengeld	comforts allowance
Tastempfinden (Hautempfinden)	cutaneous sensibility
Tastempfinden (taktile Sensibilität)	tactile sensibility
Tätigkeit (Ausführung, Performanz)	performance
Tätigkeit (Betätigung, Beschäftigung)	occupation
Tätigkeitsbereiche (Performanzbereiche, Handlungsbereiche)	performance areas
Tätigkeitseinschränkung	activity restriction
Teamansatz	team approach
Technikdenken (ablauforientiertes Denken)	reasoning, technical
Techniken zur Förderung des Gruppenprozesses	group process techniques
technische Hilfsmittel	technical aids
Teilaufgabe (untergeordnete Aufgabe)	subtask
Teilfähigkeit (untergeordnete Fähigkeit)	subskill
Teilfertigkeit (Splitterfertigkeit)	splinter skill
teilnehmender Beobachter	participant-observer
Teilziel	subgoal
teleologisch (zweckbestimmt)	teleological

Termin (Verabredung, Ernennung)	appointment
Testbatterie	battery of assessment
Tetraplegie	quadriplegia
tetraplegisch, Tetraplegiker	quadriplegic
textiles Gestalten	textile sciences
Thema (Angelegenheit)	issue
themenzentriert	theme centered
therapeutisch	therapeutically
therapeutische Überlegungen	therapeutic consideration
Therapiekitt, Therapieknete	therapeutic putty
Therapiesitzung (Behandlungseinheit, Behandlung)	treatment session
Thermalbehandlung	thermal treatment
These (Annahme)	assumption
Thoraxchirurgie	thoracic surgery
Tiefenwahrnehmung (räumlich)	depth perception
Toilettengang (Toilettenhygiene)	toilet hygiene
Toilettenhygiene (Toilettengang)	toilet hygiene
Toilettenstuhl	commode
Toleranz gegenüber einer Aktivität (Aktivitätstoleranz)	activity tolerance
Tonus senken (Spastik mindern)	reduce spasticity, to
topographische Orientierung (räumliche Orientierung)	topographical orientation
Totalhüftendoprothese (Abk. TEP)	total hip replacement
Tractus (Bahn)	tract
Trage	stretcher
Training am Arbeitsplatz (Schulung am Arbeitsplatz)	training (on-the-job)
Training der Durchsetzungsfähigkeit (Selbstbehauptungstraining)	assertiveness training
Training sozialer Kompetenzen	social skills training
Training zur sensorischen Reizverarbeitung, sensorisches Training	sensory re-education

Transfer (Übertragung)	transference
Transfer durchführen (Übertragen)	transferring
transitorische ischämische Attacke (Abk. TIA)	transient ischemic attack
Transport (Beförderung)	portage
Trapez (Dreiecksbügel)	deltoid aid
Trauer	bereavement
Trickbewegung (Ersatzbewegung)	trick movements
Trisomie 21 (Down-Syndrom)	Down Syndrome

U

überbehütend	overprotective
Überempfindlichkeit	hypersensitivity
Übererregung	overarousal
Überkreuzen der Mittellinie	crossing the midline, midline crossing
Überprüfung durch Ebenbürtige (Peer Review)	peer review
Überreaktivität (Hyperreaktivität)	hyperresponsivity
Übertragen (Transfer durchführen)	transferring
Übertragung (Transfer)	transference
Überweisung (eines Patienten) (Zuweisung)	referral
Übung	exercise
umfassende Behandlung (ganzheitliche Behandlung)	comprehensive treatment
Umfeld (Umwelt, Umgebung, Lebensraum)	environment
Umfeldanpassung (Anpassung der Umwelt)	environmental adaptation
Umgang mit der Angst (Angstbewältigung)	anxiety management
Umgang mit Geld / Finanzen (Geld-Management)	money management
Umgang mit Medikamenten	medication management
Umgebung, Lebensraum (Umfeld, Umwelt)	environment
umgehen mit	handle s.th., to
Umschulung	retraining
Umschulung (Rehabilitation)	rehabilitation (retraining)
Umsetzung (Einführung, Implementierung)	implementation
Umwelt- (die Umwelt betreffend)	environmental
Umwelt (Umfeld, Umgebung, Lebensraum)	environment
Umwelt betreffend, die (Umwelt-)	environmental

Umwelt, am wenigsten einengende	least restrictive environment
Umweltanalyse (Analyse des Umfeldes / Lebensraumes)	environmental analysis
Umweltanforderung (Umwelterfordernis)	environmental press
Umweltaspekte	environmental aspects
Umweltbarrieren	environmental barrier
umweltbezogener Ansatz	environmental approach
Umwelterfordernis (Umweltanforderung)	environmental press
Umweltrisiken	environmental hazards
Umweltsteuerungsgerät	environmental control unit
Umweltvariablen (ökologische Variablen)	ecological variables
unabhängig (selbstständig)	independent
Unabhängigkeit (Selbstständigkeit)	independence
unangepasst	non-adaptive
Unfallaufnahme (Unfallpatient, Unfallopfer)	casualty
Unfallopfer (Unfallaufnahme, Unfallpatient)	casualty
Unfallpatient (-aufnahme, -opfer)	casualty
Unfallversicherung	accident insurance
Unterarmamputierte/r	forearm amputee
Unterbrechung (Aussetzung)	suspension
Unterempfindlichkeit	hyposensitivity
untergeordnete Aufgabe (Teilaufgabe)	subtask
untergeordnete Fähigkeit (Teilfähigkeit)	subskill
Unterhalt (Alimente)	alimony
Unterreaktivität	hyporesponsivity
Unterscheidung von Interessen	discrimination of interests
unterstützend	assistive

unterstützte Bewegung (geführte Bewegung)	assisted movements
unterstütztes Bewegungsausmaß	assistive range of motion
unterstütztes Wohnen	assisted living facility
Unterstützung (Hilfe, Beistand)	assistance
Unterstützung (Versicherungsleistungen)	benefits
Unterstützung durch die Umwelt	environmental support
Unterstützung, Rente (Zuschuss, Beihilfe)	allowance
Untersuchung	investigation
Untersuchung (Nachforschung, Forschung)	research (investigation)
unverantwortlich	irresponsible
Unversehrtheit der Weichteile	soft tissue integrity
Ursache (Mittel, Agens)	agent
Ursache und Wirkung	cause and effect

V

Vakuumprothese (Saugprothese)	suction prosthesis (vacuum prosthesis)
validiert	validated
Validität	validity
vegetatives Nervensystem (autonomes Nervensystem)	autonomic nervous system
Verabredung (Termin, Ernennung)	appointment
Verallgemeinerung (Generalisierung)	generalization
Veränderungsmechanismen	change mechanisms
verarbeiten	process, to
Verarbeitung (Durchlauf)	throughput
Verarbeitung sensorischer Reize (Reizverarbeitung)	sensory processing
Verarbeitungsebene	level of processing
Verarbeitungsfertigkeit	process skills
Verarbeitungsstörung im Gehirn	brain processing deficit
verbessern	improve, to
Verbesserung der Performanz	performance improvement
Verbindlichkeit (Verpflichtung)	commitment
vereinfachen	simplify, to
Verfahren (Vorgehensweise)	proceeding / procedure
verfügbare Räumlichkeiten (Einrichtungen)	facilities
Verfügbarkeit (Zugänglichkeit, Vorhandensein)	availability
vergrößern (steigern, erhöhen)	increase, to
Verhalten	behavior, behaviour
Verhalten, erforschendes	exploratory behavio(u)r
Verhaltensänderung (Verhaltensmodifikation)	behavio(u)r / behavio(u)ral modification
verhaltensauffällig (fehlangepasst)	maladjusted
Verhaltensbefunderhebung	behavio(u)ral assessment
Verhaltensmodifikation (Verhaltensänderung)	behavio(u)r / behavio(u)ral modification

Verhaltensmuster	behavio(u)ral patterns, patterns of behavio(u)r
Verhaltenstheorie	behavio(u)ral theory
Verhaltenstraining (Einüben neuer Verhaltensweisen)	behavio(u)ral rehearsal
verinnerlichte Erwartungen	internalized expectations
verinnerlichte Rollen (internalisierte Rollen)	internalized roles
Verkettung (Methode der Verhaltensmodifikation) (Chaining)	chaining
verkürzte Seite	short side
Verlauf (Fortschritt)	progress
Verlauf (Kursus)	course
Verlaufsdokumentation	progress notes
Verletzung (Wunde)	injury (wound)
Verletzung durch wiederholte Überlastung	repetitive strain injury
vermeiden	avoid, to
Vermeidung	avoidance
Vermittlung (Praktikumstelle, Platzierung)	placement
Vermittlung von Wissen und Werten	transmission of knowledges and values
Vernachlässigung	negligence
Vernachlässigung eines Kindes	child neglect
vernünftig	sensible
Verordnung (Verschreibung, Rezept)	medical prescription
Verpflichtung (Verbindlichkeit)	commitment
Verrenkung (Luxation)	dislocation
Verschaltungen im Gehirn	brain circuitry
Verschlimmerung der Behinderung/ Fähigkeitsstörung	aggravated disability
verschlossen (zurückgezogen)	withdrawn
Verschreibung, Rezept (Verordnung)	medical prescription

Versicherungsleistungen (Unterstützung)	benefits
Versorger	caregiver
Versorger (Bereitsteller)	provider
verspätete Belohnung (Verhaltenstherapie)	delay of gratification
Verspieltheit	playfulness
Verständnis (Verstehen)	comprehension
verstärken	reinforce, to
verstärken (fördern)	enhance, to
Verstärkung	reinforcement
Verstauchung	sprain
Verstehen (Verständnis)	comprehension
Vertragspartner	contracting parties
Vertraulichkeit, im Vertrauen	confidentiality
Verwaltung, Anwendung	administration
Verweis (Referenz)	reference
verzögert (retardiert)	retarded
Verzögerung der geistigen Entwicklung (geistige Behinderung)	mental retardation
vestibulär	vestibular
vestibulär-bilaterale Integrationsstörung	vestibular bilateral disorder
vestibulär-propriozeptive Dysfunktion	vestibular-proprioceptive disorder
vierfüßig	quadruped
Vierfüßler-Stand	quadruped stand
visuell, Seh-	visual
visuelle Geschlossenheit	visual-closure
visuelle Geschlossenheit, Gestalt vervollständigen	visual-closure
visuelle Wahrnehmung	visual perception
visueller Neglekt	visual neglect
visuelles Verfolgen	ocular pursuit
visuell-perzeptiv	visual-perceptive

visuell-perzeptiver Faktor	visual-perceptive factor
Visuodyspraxie	visuodyspraxia
visuomotorische Integration	visual-motor integration
Visuo-Praxie	visuopraxis
Volitions-Subsystem (Willens-Subsystem)	volition subsystem
Vollinvalidität (vollständige Fähigkeitsstörung)	total disability
vollständige Fähigkeitsstörung (Vollinvalidität)	total disability
von Natur aus, in sich	nature, in
Vorbild	role model
Vorgehensweise (Verfahren)	proceeding / procedure
Vorgeschichte (Anamnese)	history
vorhanden (zugänglich, erhältlich)	available
Vorhandensein (Zugänglichkeit, Verfügbarkeit)	availability
Vorkommen (Auftreten)	occurrence
Vorrichtung (Gerät, Hilfsmittel)	appliance
Vorstellungsvermögen, räumliches	spatial operation
Vorurteile gegenüber Alten	ageism
vorwegnehmend (erwartend, antizipatorisch)	anticipatory

W

Wachsamkeit (Erregung, Aufmerksamkeit)	arousal
Wahn (Wahnvorstellung)	delusion
Wahnerkrankung (wahnhafte Störung)	delusional disorder
wahnhafte Störung (Wahnerkrankung)	delusional disorder
Wahnvorstellung (Wahn)	delusion
Wahrnehmung	perception
Wahrnehmungs- und motorische Fähigkeiten (sensomotorische Fähigkeiten, perzeptomotorische Fähigkeiten)	perceptual motor skill
Wahrnehmungstraining (Perzeptionstraining)	perceptual training
Wahrnehmungsverarbeitung (Reizverarbeitung)	perceptual processing
Weichteilkontraktur	soft tissue contracture
Weiterbildung (Fortbildung)	continuing education
Werkstatt (Workshop)	workshop
Werkstatt für Behinderte (beschützende Werkstatt)	sheltered workshop
Werkzeug, Mittel	tool
Werte	values
Widerstand	resistance
Widerstandsübungen	resisted exercises
Wiederanpassung	readjustment
Wiederansiedlung (Wiedereingliederung)	resettlement
wiederaufflammen (Schub (z.B. Rheuma))	flare up, to
Wiederbeschäftigung (Wiedereinstellung)	re-employment
Wiedereingliederung	reinstatement (reintegration)

Wiedereingliederung (Wiederansiedlung)	resettlement
Wiedereingliederungshilfe	readjustment benefits
Wiedereinstellung (Wiederbeschäftigung)	re-employment
Wiedererkennung (Anerkennung, Erkennen)	recognition
wiedererlangen	regain, to
Willens-Subsystem (Volitions-Subsystem)	volition subsystem
willkürliche Steuerung	voluntary control
Winkelmesser (Goniometer)	goniometer
Wirbelsäule	spinal column
Wirksamkeit	efficacy
Wirksamkeit (Effektivität)	effectiveness
wirtschaftliche Unabhängigkeit	economic independence
Wissensansammlung	body of knowledge
Wohlbefinden	well-being
Wohlfahrtsverbände	welfare associations
Wohngemeinschaft (Wohnheim)	group home
Wohnheim	boarding home, residential accomodation
Wohnheim (Internat)	residential center, residential centre
Wohnheim (Wohngemeinschaft)	group home
Wohnraumanpassung	home adaptation
Wohnraumorganisation, Wohnraummanagement	home management
Wohnungsbauprogramm	housing programme
Workshop (Werkstatt)	workshop
Wortfindungsstörung	anomia
Wunde (Verletzung)	injury (wound)
Wundliegen (Dekubitus)	bedsore

Z

Zeitbewusstheit	temporality
zeitlich (generell)	temporal
zeitlich (das Lebensalter betreffend)	chronological
zeitliche Begrenzung einer Aufgabe	temporal boundaries of tasks
zeitliche Orientierung	temporal orientation
zeitliche Wahrnehmung	time perception
Zeit-Management	time management
zentrale Gewohnheiten (Kerngewohnheiten)	core habit
zentrale Verarbeitung	central processing
zentrales Nervensystem (Abk: ZNS)	central nervous system
Zentrum für berufliche Rehabilitation	vocational rehabilitation center
Zentrum für technische Orthopädie	prosthetic center
Zerebralparese (Abk: CP)	cerebral palsy
zerebrovaskulärer Insult (Abk: CVI) (Schlaganfall)	cerebrovascular accident
zervikal	cervical
zervikale Spondylose	cervical spondylosis
Ziel (Richtziel)	goal, aim
Zugang zu Gebäuden (Zugänglichkeit von Gebäuden)	access to buildings
zugänglich (vorhanden, erhältlich)	available
Zugänglichkeit (Erreichbarkeit)	accessibility
Zugänglichkeit (Verfügbarkeit, Vorhandensein)	availability
Zugänglichkeit von Gebäuden (Zugang zu Gebäuden)	access to buildings
Zugangshürden (bauliche Barrieren)	architectual barriers
Zuhören, aktives	active listening
Zulassung (Zutritt, Aufnahme)	admission
zuordnen (zuschreiben)	attribute, to
zurückgezogen (verschlossen)	withdrawn
Zusammenbruch	breakdown
Zusatzerkrankung, Komorbidität	co-morbidity

zusätzliche Beihilfe	supplementary allowances
Zuschlag (Erhöhung)	increase
zuschreiben (zuordnen)	attribute, to
Zuschuss (Beihilfe, Unterstützung, Rente)	allowance
Zutritt (Aufnahme, Zulassung)	admission
Zuweisung (Überweisung eines Patienten)	referral
Zwang (Einschränkung)	constraint (discomfort)
Zwangs- (Pflicht-)	compulsion, compulsory
Zwangsneurose (Zwangsstörung)	obsessive-compulsive disorder
Zwangsstörung (Zwangsneurose)	obsessive-compulsive disorder
Zwangsvorstellung	fixed ideas
zweckbestimmt (teleologisch)	teleological
zweckgerichtet, sinnvoll, bedeutungsvoll	purposeful
zweites Motoneuron	lower motor neuron
zwischenmenschliche Fertigkeiten	interpersonal skills
zwischenzeitlich (auftretend)	intercurrent

Fachwörterbuch Ergotherapie

Englisch – Deutsch

Englisch – Deutsch

A

abduction	Abduktion
ability	Fähigkeit
abnormal patterns of motions	abnorme Bewegungsmuster
abuse	Missbrauch
academic learning	schulisches Lernen
access to buildings	Zugänglichkeit v. Gebäuden, Zugang zu ...
accessibility	Erreichbarkeit, Zugänglichkeit
accident emergency department	Notfallabteilung
accident insurance	Unfallversicherung
accommodate, to	anpassen; an-, ausgleichen, beherbergen
achievement behavio(u)r	Leistungsverhalten, leistungsorientiertes Verhalten
acquired disorder	erworbene Störung
action sequence	Handlungsabfolge, Handlungssequenz
active assistive range of motion	aktives unterstütztes Bewegungsausmaß
active listening	aktives Zuhören
active movement	aktive Bewegung
active progressive disease	fortschreitende Krankheit
active range of motion / movement	aktives Bewegungsausmaß
activities of daily living	Aktivitäten des täglichen Lebens (Abk: ADL oder ATL)
activity analysis	Aktivitätsanalyse
activity center, activity centre	Freizeitzentrum
activity pattern analysis	Aktivitätsmuster-Analyse
activity programme	Aktivitätsprogramm
activity restriction	Tätigkeitseinschränkung

activity therapy	Aktivitätstherapie, Aktivierungstherapie
activity tolerance	Toleranz gegenüber einer Aktivität
acuity	Schärfe, Klarheit
acute push	akuter Schub
adaptation	Adaption, Adaptation
adapted	angepasst, adaptiert
adapted device	adaptiertes Gerät
adaptive behavio(u)r	angepasstes Verhalten, Anpassungsverhalten
adaptive device	Hilfsmittel
adaptive equipment	Hilfsmittel, adaptierte Ausstattung
adaptive equipment	angepasste Ausstattung
adaptive motor actions	motorische Anpassungsreaktionen
adaptive response	Anpassungsreaktion
adaptive, adaptative	angepasst, adaptiert
addict	Abhängiger, suchtkranker Mensch
addiction	Abhängigkeit, Sucht
addictive drug	Suchtmittel
adduction	Adduktion
adductor pads	Adduktionskissen, Spreizkeil
adjust, to	anpassen, einstellen
adjustable cane	verstellbarer Handstock
adjustment	Anpassung, Einstellung
adjustment reaction disorder	Anpassungsstörung
adjustment to activities of everyday life/ of daily living	Anpassung an die Aktivitäten des täglichen Lebens
administration	Verwaltung, Anwendung
admission	Aufnahme, Zutritt, Zulassung
adolescence	Jugend
adolescent	Jugendlicher
adulthood	Erwachsenenalter
adverse effects	gegenteilige Effekte
advisory board	Beirat, Beratungsgremium

advocacy	Fürsprache, Fürsprecher
affective disorder	affektive Störung
affordable	erschwinglich, bezahlbar
after-care allowance	Nachsorgebeihilfen
against medical advice	entgegen ärztlichem Rat, entgegen ärztliche Empfehlung
age allowance	Altersrente
age-appropriate activities	altersentsprechende Aktivitäten
ageing	altern
ageing symptoms	Alterserscheinungen
ageism	Vorurteile gegenüber Alten
agent	Ursache, Mittel, Agens
aggravated disability	Verschlimmerung der Behinderung/ Fähigkeitsstörung
aging	altern
agitated	aufgeregt, erregt
agonist	Agonist
agoraphobia	Agoraphobie
aid in kind	Sachleistung
aide	Helfer/in, Pflegehelfer/in
aim	Ziel, Richtziel
aims of treatment	Behandlungsziele
Alcoholics Anonymous	Anonyme Alkoholiker
alexia	Alexie
alimony	Unterhalt, Alimente
allowance	Beihilfe, Zuschuss, Unterstützung, Rente
allowance for abnormal wear and tear of clothing	Kleidergeld (für besondere Abnutzung)
ambulant	gehfähig
ambulatory	gehfähig, mobil
ambulatory care	ambulante Pflege
American Journal of Occupational Therapy	American Journal of Occupational Therapy (Fachzeitschrift des ameri-

	kanischen Ergotherapeuten-Verbandes)
American Occupational Therapy Association	American Occupational Therapy Association (Ergotherapeuten-Berufsverband der USA)
American Occupational Therapy Foundation	American Occupational Therapy Foundation (Stiftung zur Förderung der Ergotherapie-Forschung in den USA)
amnesia	Amnesie, Gedächtnisstörung
amputation	Amputation
amputation stump	Amputationsstumpf
amputee	Amputierte/r
amyotrophic lateral sclerosis	amyotrophe Lateralsklerose (ALS)
anacusis	Anakusis, Hörverlust
analysis	Analyse
anatomical landmark	anatomischer Referenzpunkt
ancylosis spondilitis	Morbus Bechterew
aneurysm	Aneurysma
ankle foot orthosis	Fußknöchelorthese
anomia	Wortfindungsstörung
anorexia nervosa	Anorexie, Anorexia nervosa
antagonist	Antagonist
anticipatory	antizipatorisch (erwartend, vorwegnehmend)
anti-deformity positioning	Lagerung zur Verhinderung von Deformitäten
antipsychotics	Psychopharmaka
antisocial personality disorder	Soziopathie, dissoziales Verhalten
anxiety	Sorge, Angst
anxiety management	Angstbewältigung, Umgang mit der Angst
aphasia	Aphasie
aphonia	Aphonie

appliance	Vorrichtung, Gerät, Hilfsmittel
applicable	anwendbar
application	Anwendung, Bewerbung, Antrag
application for pension	Rentenantrag
application form	Antragsformular, Bewerbungsformular
appointment	Termin, Verabredung, Ernennung
approach	Ansatz, Methode
approved	genehmigt, anerkannt
apraxia	Apraxie
aptitude	Eignung, Begabung, Talent
architectual barriers	bauliche Barrieren, Zugangshürden
arm pick up stick	helfende Hand
arm sling	Armschlinge
arousal	Erregung, Wachsamkeit, Aufmerksamkeit
art	Kunst
arteriosclerosis	Arteriosklerose
arthritis	Arthritis
arthroscopy	Arthroskopie
artificial limb appliance center	orthopädische Werkstatt
arts and crafts	(Kunst)Handwerk
assertiveness	Selbstbehauptung, Durchsetzungsvermögen
assertiveness training	Training der Durchsetzungsfähigkeit, Selbstbehauptungstraining
assess, to	erheben, bewerten, beurteilen, prüfen
assessment	Bewertung, Beurteilung, Befunderhebung
Assessment of Communication & Interaction Skills	Assessment der Kommunikations- und Interaktionsfertigkeiten
Assessment of Motor and Process Skills	Assessment der motorischen und prozesshaften Fertigkeiten

assessment tools	Bewertungsverfahren, Befunderhebungsverfahren, Beurteilungsverfahren
assessments, non-standardized	nicht-standardisierte Assessments
assimilation	Assimilation
assistance	Unterstützung, Hilfe, Beistand
assisted living facility	unterstütztes Wohnen
assisted movements	unterstützte Bewegung, geführte Bewegung
assistive	unterstützend
assistive devices	Hilfsmittel
assistive equipment	Hilfsmittel
assistive range of motion	unterstütztes Bewegungsausmaß
assistive technology	Hilfstechnologie
associated movements	assoziierte (Mit-)Bewegungen
associated reactions	assoziierte Reaktionen
assumption	Annahme, These
asymmetrical	asymmetrisch
ataxia	Ataxie
athetoid	athetotisch
athetosis	Athetose
atonic	atonisch
attack	Anfall
attendant	Pflegeperson, Begleiter, Aufsichtsperson
attention	Aufmerksamkeit
attention deficit disorder	Aufmerksamkeitsdefizitstörung (Abk: ADS)
attention deficit hyperactivity disorder	Aufmerksamkeitsdefizitstörung
attention span	Aufmerksamkeitsspanne
attitude	Einstellung, (innere) Haltung
attribute, to	zuschreiben, zuordnen
audibility range	Hörbereich
auditory	auditiv, das Gehör betreffend

auditory channel	auditiver Kanal
auditory defensiveness	auditive Defensivität
auditory language dysfunction	auditiv bedingte Sprachstörung
augment, to	erweitern
aura	Aura
aural	aural, Ohr-, das Gehör betreffend
autism	Autismus
automatic processes	automatisierte Prozesse
autonomic nervous system	autonomes Nervensystem, vegetatives Nervensystem
autonomy	Autonomie
availability	Verfügbarkeit, Zugänglichkeit, Vorhandensein
available	zugänglich, vorhanden, erhältlich
aversive response to movement	Bewegungsüberempfindlichkeit
avocational	außerberuflich, freizeitbezogen
avoid, to	vermeiden
avoidance	Vermeidung
avolition	Motivationsmangel, Interesselosigkeit
awareness	Bewusstsein
axillary crutches	Achselstützen

B

Babinski's reflex	Babinski-Reflex
back injury	Rückenverletzung
back rest	Rückenlehne
balance	Balance, Gleichgewicht
balanced lifestyle	ausgewogener Lebensstil
ball grip	Ballgriff, Kugelgriff
banded scissors	Rheumatikerschere (mit Federbügel)
barrier	Barriere, Hindernis
basic activities of daily living	Basisaktivitäten des täglichen Lebens
basic anxiety	Grundangst
basic pension	Grundrente, Mindestpension
bathing	baden
bath-practice	Badetraining
battery of assessment	Testbatterie
bean bag	Bohnensack, Sitzsack
bedgallow	Bettgalgen
bedrest	Bettruhe
bedridden	bettlägerig
bedsore	Dekubitus, Wundliegen
behavio(u)r / behavio(u)ral modification	Verhaltensmodifikation, Verhaltensänderung
behavio(u)r / behavio(u)ral setting	Setting (in dem ein Verhalten stattfindet)
behavior, behaviour	Verhalten
behavio(u)ral assessment	Verhaltensbefunderhebung
behavio(u)ral patterns	Verhaltensmuster
behavio(u)ral rehearsal	Einüben neuer Verhaltensweisen, Verhaltenstraining
behavio(u)ral theory	Verhaltenstheorie
bench woodwork	Hobelbankarbeiten
benefits	Unterstützung, Versicherungsleistungen
bereavement	Trauer

bilateral	bilateral, beidseitig
bilateral integration	bilaterale Integration
bilateral long-leg braces	Schienenschellenapparat
bilateral motor and sequencing abilities	bilaterale motorische Fähigkeiten und Sequenzierungsfähigkeiten
bilateral motor coordination	bilaterale motorische Koordination
binocular	binokular, beidäugig
biological needs	biologische Bedürfnisse
biomechanical approach	biomechanischer Ansatz
biomedical model	biomedizinisches Modell
bipolar disorder	bipolare Störung
block printing	Drucken mit Druckstock (z.B. Linol)
boarding home	Wohnheim
body image	Körperbild
body language	Körpersprache
body midline	Körpermittellinie
body of knowledge	Wissensansammlung
body percept	Körper-Perzept (Modell vom Körper, durch kognitive Erfahrungen erarbeitet)
body processes	Körperprozesse
body scheme	Körperschema
bolster swing	Rollen- (Pferd-) schaukel
boutonniere deformity	Knopflochdeformität
bowel movement	Darmaktivität
brace	Schiene
brachial plexus	plexus brachialis
brain circuitry	Verschaltungen im Gehirn
brain damage	Hirnschädigung, Hirnschaden
brain processing deficit	Verarbeitungsstörung im Gehirn
brain scan	Computertomographie des Schädels
brain-body	Hirn-Körper
breadwinner	Ernährer

breakdown	Zusammenbruch
bruise	Quetschung, Prellung, Bluterguss
build up muscle power, to	Muskeln kräftigen
building regulations	Bauvorschriften
bulimia	Bulimie
buttonhole deformity	Knopflochdeformität
buttonhook	Knöpfhilfe, Knopflochhilfe

C

caliper	Peroneusschiene
cane (walking stick)	Gehhilfe, Handstock, Gehstock
cantilever	Betttisch
capacity	(Leistungs-)fähigkeit, Kapazität
capacity training	Belastungstraining
card holder	Kartenhalter
cardiac arrest	Herzstillstand
cardiac deficiency	Herzfehler
cardiopulmonary	kardiopulmonal
cardiovascular	kardiovaskulär
care (attendance)	Pflege
care of others	Fürsorge für andere
caregiver	Versorger
cartilage	Knorpel
case history	Krankengeschichte, Anamnese
case management	Casemanagement, Fallmanagement
case manager	Casemanager, Fallmanager
case report	Fallbericht
case study	Fallstudie
casualty	Unfallpatient, -aufnahme, -opfer
categorization	Kategorisierung
cause and effect	Ursache und Wirkung
center of gravity	Schwerpunkt
central nervous system	zentrales Nervensystem (Abk: ZNS)
central processing	zentrale Verarbeitung
cerebral vascular attack	zerebrovaskulärer Insult, Schlaganfall)
cerebellum	Cerebellum, Kleinhirn
cerebral bleeding	Hirnblutung
cerebral cortex	Neocortex, Großhirnrinde
cerebral hemispheres	Großhirnhemisphären
cerebral palsy	Zerebralparese (Abk: CP)
cerebrovascular accident	zerebrovaskulärer Insult (Abk: CVI), Schlaganfall

cervical	zervikal
cervical spondylosis	zervikale Spondylose
cervical vertebrae	Halswirbel
chaining	Chaining,Verkettung (Methode der Verhaltensmodifikation)
challenge	Herausforderung
challenge, to	herausfordern
challenging behavio(u)r	provozierendes Verhalten
change mechanisms	Veränderungsmechanismen
characteristic behavio(u)r	charakteristisches Verhalten
checklist	Checkliste
child abuse	Kindesmissbrauch
child benefits	Kindergeld
child neglect	Vernachlässigung eines Kindes
chronic disorder	chronische Störung
chronic obstructive airways disease	chronisch obstruktive Atemwegser- krankung
chronic renal failure	chronisches Nierenversagen
chronic respiratory disorder	chronische Atembeschwerden
chronic rheumatic disease	chronisch rheumatische Erkrankung
chronological	zeitlich (das Lebensalter betreffend)
circulatory system	Kreislauf, Herz-Kreislauf-System
clarification	Abklärung, Klärung
classical conditioning	klassische Konditionierung
cleaning	reinigen, sauber machen
clean up, to	abwaschen
client	Klient
client-centered rehabilitation	klientenzentrierte Rehabilitation
client-centredness	Klientenzentriertheit
clinic	Klinik, Praxis
clinical assessment	klinische Untersuchungen
clinical observations	klinische Beobachtungen, gezielte Beobachtungen zur sensomotorischen Integration (nach J. Ayres)

clinical reasoning	klinisches Reasoning
clinical report	Krankengeschichte
clinical supervisor	Praxisanleiter, Praktikumsanleiter
clinician	praktisch tätige/r Therapeut/-in (z.B. Ergotherapeut/-in)
clonus	Klonus
close observation	enge Beobachtung
close supervision	enge Beaufsichtigung, enge Betreuung (in der Phase des beruflichen Starts oder in der Ausbildung) durch Vorgesetzte
closed system	geschlossenes System
clothing allowance	Kleidergeld
clothing care	Kleiderpflege (Kleiderfürsorge), Kleidungsfürsorge (Kleiderpflege)
clubfoot	Klumpfuß
cluster analysis	Cluster-Analyse
cluster group	Clustergruppe
coathanger aid	Kleiderbügel-Anziehhilfe
cock up splint	Cock-up Schiene, Fallhandschiene
cocontraction	Kokontraktion
code of ethics	ethischer Kodex, Berufsethik
codependence	Koabhängigkeit
cognition	Kognition
cognitive components	kognitive Komponenten
cognitive development	kognitive Entwicklung
cognitive disability	kognitive Fähigkeitsstörung
cognitive learning	kognitives Lernen
cognitive therapy	kognitive Therapie
collapsible wheelchair	Faltrollstuhl
color agnosia	Farbenblindheit
coma	Koma
comforts allowance	Taschengeld
commitment	Verpflichtung, Verbindlichkeit

commode	Toilettenstuhl
communication aids	Kommunikationshilfen
community care	gemeindenahe Versorgung
community medicine	medizinische Dienste der Gemeinde
community mobility	innerstädtische Mobilität
community nursing service	Sozialstation, öffentlicher Krankenpflegedienst
community occupational therapists	gemeindenah arbeitende Ergotherapeuten
community rehabilitation program(me)s	Gemeinderehabilitationsprogramme
community services, program(me)s	gemeindenahe Dienste / Programme
community welfare	Gemeindefürsorge
co-morbidity	Zusatzerkrankung, Komorbidität
compensation fund	Ausgleichskasse
compensatory allowance	Zuschuss
compensatory movement	kompensatorische / Ersatzbewegungen
compensatory pension	Entschädigungsrente, -pension
competence	Kompetenz
competency behavio(u)r	Kompetenzverhalten
comprehension	Verstehen, Verständnis (von)
comprehensive treatment	umfassende, ganzheitliche Behandlung
compulsion, compulsory	Zwangs-, Pflicht-
compulsory reporting	Pflicht-Berichterstattung
concept formation	Konzeptbildung, Begriffsbildung
conceptual components	Komponenten (Teile) eines Konzepts
conceptual framework	Modell-Bezugsrahmen
conceptual learning	konzeptionelles Lernen
conceptual model	konzeptionelles Modell
conceptual practice model	konzeptionelles Praxismodell
concerns	Belange

conclusion	Folgerung, Schlussfolgerung, Rückschluss
concrete operational thought	konkrete gedankliche Planung
concrete operational stage	konkretes operationales Stadium
concussion of the brain	Gehirnerschütterung
conditioning	Konditionierung
conditions of entitlement	Anspruchsvoraussetzungen
confidentiality	Vertraulichkeit, im Vertrauen
confined to bed	bettlägerig
congenital	angeboren
congenital amputation	kongenitale / intrauterine Amputation
congenital anomalies	angeborene Anomalien
congenital defects	angeborene Defekte
congenital disorder	angeborene Störung
congenital malformation	angeborene Missbildung
congestive heart failure	Stauungsinsuffizienz (des Herzens)
consequences, long-term	Langzeitkonsequenzen
consider (to) an application	Bewerbung / Antrag bearbeiten / berücksichtigen
constant attendance	ständige Betreuung, Dauerpflege
constant attendance allowance	Pflegegeld, Schwerstdauerpflegegeld
constraining	einengend, bedrängend
constraint (discomfort)	Zwang, Einschränkung
construct	Konstrukt
construct validity	Konstruktvalidität
constructional abilities	Konstruktionsfähigkeiten
constructional dyspraxia	Konstruktionsdyspraxie
constructional praxis	Konstruktionspraxie
consultant	Konsiliar-, Berater
consultation	Beratung
continuing care hospital	Langzeiteinrichtung, Nachsorgeeinrichtung
continuing education	Fort-/ Weiterbildung

contracting parties	Vertragspartner
contraction	(Muskel-) Anspannung
contracture	Kontraktur
control of eye movements	Steuerung der Augenbewegungen
convalescence	Rekonvaleszenz
cooperative group	kooperierende Gruppe
cooperative play	kooperatives / interaktives Spiel
coordinated care	koordinierte Pflege
coordination	Koordination
coping	Coping (Bewältigung)
coping skills	Copingstrategien, Bewältigungsfertigkeiten, -fähigkeiten
core habit	Kerngewohnheiten, zentrale Gewohnheiten
core skills	Basis-, Kernfertigkeiten, -fähigkeiten
coronary artery disease	koronare Herzerkrankung, KHK
counselling, counseling	Beratung
counselor, counsellor (adviser)	Berater
countertransference	Gegenübertragung
course	Verlauf, Kursus
course of treatment	Behandlungsverlauf
cramp	Krampf
cranial nerves	Hirnnerven
crisis intervention	Krisenintervention
criterion	Kriterium
criterion validity	Kriterienvalidität
crossing the midline	Überkreuzen der Mittellinie, Mittellinien-Kreuzung, Mittellinien-Überkreuzung
crutch(es)	Stütze(n)
cue	Anregung, Signal
cuing	Anregungen geben, Reize setzen
cultural	kulturell
cup arthroplasty	Pfannenplastik

curative	heilend, kurativ
cure	Heilung, Genesung
cushion	Polster, -ung, Sofakissen
custom	Sitte, Brauch
customs barriers	kulturelle Barrieren
cutaneous sensibility	Tastempfinden, Hautempfinden
cylinder grip	Faustschluss
cystic fibrosis	cystische Fibrose

D

date of birth	Geburtsdatum
day clinic (center, hospital)	Tagesklinik
daytime splint	Tagesschiene
debility	Debilität, Schwäche
decision-making process	Entscheidungsprozess
decrease	Abnahme
defense mechanisms	Abwehrmechanismen
deficit	Defizit, Fehlen
degree of disablement (illness)	Grad der Behinderung / Erkrankung
degree of organization in habits	Ausprägung der Gewohnheitsstruktur
deinstitutionalization	Enthospitalisierung
delay of gratification	verspätete Belohnung (Verhaltenstherapie)
deltoid aid	Trapez, Dreiecksbügel
delusion	Wahn, Wahnvorstellung
delusional disorder	Wahnerkrankung, wahnhafte Störung
demands	Anforderungen, Erfordernisse
dementia	Demenz
demonstration (pilot) project	Modellversuch
denial	Leugnen, Abwehr, Ablehnung
department	Abteilung
dependence	Abhängigkeit
dependent	abhängig
dependents' pension	Hinterbliebenenrente, -pension
depersonalization	Depersonalisation
depression	Depression
depth perception	Tiefenwahrnehmung (räumlich)
desensitization	Desensibilisierung
design copying	Muster kopieren / nachzeichnen
detachment	Ablösung
development	Entwicklung
developmental	Entwicklungs-

developmental assessment	Befunderhebung zum Stand der Entwicklung
developmental delay	Entwicklungsverzögerung
developmental disability	Entwicklungsstörung
developmental dyspraxia	Entwicklungsdyspraxie
developmental output	Entwicklungsergebnis
developmental pattern	Entwicklungsmuster
developmental sequence	Entwicklungssequenz, -folge, -ablauf
developmental skills	Entwicklungsfertigkeiten
deviance	Abweichung, Devianz
deviant	abweichend
devices	Gerät, Hilfsmittel
dexterity	Händigkeit, Geschicklichkeit
diabetes mellitus	Diabetes mellitus
diadochokinesia	Diadochokinese
dichhaptic presentation	bihaptische Präsentation
dichotic listening	dichotisches Hören
differentiation	Differenzierung
diplegia	Diplegie
directionality	Gerichtetheit (Zuordnung von Raumrichtungen)
disability	Fähigkeitsstörung, Behinderung
disability benefits	Behindertenzulage
disability status	Behindertenstatus
disabled	behindert
disablement	Behinderung, Fähigkeitsstörung
disabling condition	beeinträchtigende Bedingungen
disabling disease	zu Behinderung / Fähigkeitsstörung führende Krankheit
disaster-stricken	von einem Unglück betroffen (Katastrophenopfer)
discharge	Entlassung
discharge planning	Entlassungsplanung
discharge team	Entlassungskomitee (für Patienten)

disclosure	Aufklärung (über mögliche Folgen, Nebenwirkungen etc. einer Intervention)
discrimination of interests	Unterscheidung von Interessen
disease	Krankheit
disinhibition	Enthemmung
dislocation	Luxation, Verrenkung
disorder	Störung
disorders of the joints	Gelenkerkrankungen
disorientation	Desorientiertheit
dissociative disorder	dissoziative Störung
distractibility	Ablenkbarkeit
district medical board	regionale Ärztekammer
disturbance	Störung
disturbance of equilibrium	Gleichgewichtsstörung
divergent thinking	divergentes / abweichendes Denken
diversion	Ablenkung, Abweichung
diversional activities	ablenkende Aktivitäten
division of labo(u)r	Arbeitsaufteilung, /-verteilung
doctor-patient-relation	Arzt-Patient-Beziehung
domain	Domäne
domestic help	Haushaltshilfe
domestic rehabilitation	häusliche Rehabilitation
domestic violence	häusliche Gewalt
domiciliary care	häusliche Pflege
domiciliary occupational therapy	mobile Ergotherapie
domiciliary visit	Hausbesuch
double amputee	bilateral (beidseitig) Amputierte/r
Down Syndrome	Down-Syndrom, Trisomie 21
dress replacement	Schmuckprothese
dress(ing) practice	Anziehtraining
dressing	Verband, sich anziehen
dressing stick	Anziehhilfe, Anziehstock
drug addict	Drogensüchtiger

drug dependent	Drogenabhängiger, Süchtiger
dual diagnosis	Doppeldiagnose
Duchenne's muscular dystrophy	Duchenne Muskeldystrophie
Dupuytren's contracture	Morbus Dupuytren, Dupuytren'sche Kontraktur
dyadic interaction(al) skills	Fähigkeit zur Zweierbeziehung
dynamic splint	dynamische Schiene
dysarthria	Dysarthrie
dyscalculia	Dyskalkulie
dysgraphia	Dysgraphie
dyskinesia	Dyskinesie
dyslexia	Dyslexie
dysmetria	Dysmetrie
dysphagia	Dysphagie
dyspraxia	Dyspraxie

E

early intervention	Frühbehandlung, Frühförderung
earning capacity	Erwerbsfähigkeit
earning incapacity	Erwerbsunfähigkeit
ear-nose-throat	Hals-Nasen-Ohren- (Abk: HNO)
eclectic approach	eklektischer Ansatz
echolalia	Echolalie
echopraxia	Echopraxie
ecological variables	ökologische Variablen, Umweltvariablen
ecology	Ökologie
economic independence	wirtschaftliche Unabhängigkeit
education	Ausbildung
education allowances	Ausbildungsbeihilfe
educational activities	Bildungsaktivitäten, Ausbildungsaktivitäten, Lernaktivitäten
educational history	schulischer Werdegang
educational measures	pädagogische Maßnahmen
educational psychology	Lern-, Erziehungspsychologie
effectiveness	Effektivität, Wirksamkeit
efficacy	Wirksamkeit
efficiency	Effizienz, Leistungsfähigkeit
ejector seat	Katapultsitz
electric wheelchair	elektrisch gesteuerter Rollstuhl
electroconvulsive therapy	Elektrokrampftherapie
electronic page turner	elektronischer Seitenwender
eligible	berechtigt
eligible dependants	berechtigte Angehörige
emerge, to	hervortreten, erscheinen, entstehen
emergency	Notfall, Dringlichkeit
emergency response	Notfallreaktion
emotional arousal	emotionale Erregung
emotional disturbance	emotionale Störung
empathy	Empathie, Einfühlungsvermögen

employment adviser	Berufsberater/in
employment counselor	Berufsberater/in
employment injury	Arbeitsunfall
employment office	Arbeitsamt
employment rehabilitation centre	berufliches Rehabilitationszentrum
employment services	Arbeitsamt, Arbeitsvermittlung
empower	befähigen, ermächtigen
empowerment	Befähigung
enable, to	befähigen
encephalitis	Enzephalitis
encephalorrhagy	Hirnblutung
endurance	Ausdauer, Durchhaltevermögen
endurance testing	Ausdauertest
engage actively, to	sich aktiv beteiligen
enhance, to	fördern, verstärken
entry level	Eingangsstufe, Berufsanfänger
environmental	Umwelt-, die Umwelt betreffend
environment	Umwelt, Umfeld, Umgebung, Lebensraum
environmental adaptation	Anpassung der Umwelt, Umfeldanpassung
environmental analysis	Umweltanalyse, Analyse des Umfeldes / Lebensraumes
environmental approach	umweltbezogener Ansatz
environmental aspects	Umweltaspekte
environmental assessment	(Befund-) Erhebung der Umweltfaktoren
environmental barrier	Umweltbarrieren
environmental control unit	Umweltsteuerungsgerät
environmental hazards	Umweltrisiken
environmental press	Umweltanforderungen, Umwelterfordernis
environmental support	Unterstützung durch die Umwelt
epilepsy	Epilepsie

equilibrium	Gleichgewicht, Balance
equilibrium reactions / reflex	Gleichgewichtsreaktionen
equipment	Ausstattung, Einrichtung
ergonomic work site analysis	ergonomische Arbeitsplatzanalyse
ergonomics	Ergonomie
errorless learning	fehlerfreies Lernen
esophageal speech	ösophageale Sprache
ethics	Ethik
eugenic sterilization	eugenische Sterilisation
evaluate, to	evaluieren, auswerten, bewerten, beurteilen
evaluation	Evaluation
evidence-based practice	evidenzbasierte Praxis
excitation pattern	Erregungsmuster
exercise	Bewegung, Übung
exercise therapy	Bewegungstherapie
exhaustion	Erschöpfung
expectancy of success / failure	Erwarten von Erfolg / Versagen
experience	Erfahrung, Erleben
experiential learning	Lernen durch Erfahrung
expert medical report	ärztliches Gutachten
exploratory behavio(u)r	erforschendes Verhalten
express feelings, to	Gefühle ausdrücken
extension	Extension, Streckung, Erweiterung, Anbau
extent	Ausmaß
extrinsic motivation	extrinsische Motivation
eye-hand coordination	Auge-Hand-Koordination
eyelets	Ösen
eyesight testing	Sehtest

F

face validity	Anscheinsvalidität
facilitation	Fazilitation, Bahnung (der Reizweiterleitung, einer Reaktion)
facilitator	Fazilitator
facilities	Einrichtungen, verfügbare Räumlichkeiten
factor analysis	Faktorenanalyse
factor loading	Faktorenladung
faculty	Fakultät, Lehrkörper, akademisches Personal
family history	Familiengeschichte, Familienanamnese
fatigue	Erschöpfung
feeding	Nahrung anreichen / zuführen
feeding aids	Esshilfen
feeding and eating	Nahrungsaufnahme (zuführen, kauen, schlucken)
feeding practice	Esstraining
fellowship	Ehrenmitgliedschaft, Stipendium, Gemeinschaftssinn
fieldwork	Praktikum, praktische Arbeit / Ausbildung,
fieldwork educator	Praxisanleiter, Praktikumsanleiter
figure-ground	Figur-Grund
figure-ground perception	Figur-Grund-Wahrnehmung
file	(Patienten-)Akte, Ordner
fine coordination	Feinmotorik
fine motor activities / skills	feinmotorische Aktivitäten / Fertigkeiten
fine motor coordination	Feinmotorik
fine movements	Feinmotorik
finger goniometer	Fingergoniometer
finger identification	Finger-Identifikation
fitting of appliances	Hilfsmittelanpassung

fixed ideas	Zwangsvorstellung
flaccid	schlaff
flaccidity	Schlaffheit
flare up	Schub (Rheuma), wiederaufflammen
flexion	Flexion, Beugung
flight of ideas	Ideenflucht
flooding	Flooding (Reizüberflutung, aus der Verhaltenstherapie)
floppy	schlaff
flow	Flow
flow experience	Flow-Erfahrung, Fließerfahrung innerhalb von Betätigung
focus, to	konzentrieren, fokussieren
follow up	Nachuntersuchung, Nachsorge
forearm amputee	Unterarmamputierte/r
form constancy	Formkonstanz
form and space perception	Form und Raumwahrnehmung
formal learning	formales Lernen (in der Schule)
foster care	Betreuung in Pflegefamilie
foster-home	Pflegeheim, Pflegefamilie
fracture	Fraktur, Bruch
frailty	Gebrechlichkeit
frame a problem, to	Problem einordnen
frame of reference	Bezugsrahmen, Bezugssystem
frozen shoulder	Schultersteife
functional	funktionell, funktionsfähig
functional communication	funktionale Kommunikation
functional loss	Funktionsverlust, funktioneller Verlust
functional mobility	funktionale Mobilität
functional performance problems	funktionelle Schwierigkeiten / Probleme
functional play	funktionelles Spielen

G

gainful occupation	Erwerbstätigkeit
gait	Gang, -bild
gender identity	Geschlechtsidentität
general hospital	allgemeines Krankenhaus
generalization	Generalisierung, Verallgemeinerung
generalized anxiety disorder	generalisierte Angststörung
gestalt	Gestalt (Begriff aus der Gestalttherapie)
goal	(Grob-)Ziel
goniometer	Winkelmesser, Goniometer
grade	einstufen, Stufe
graded activity	gestufte Aktivität
graded activity / techniques	abgestufte Aktivität / Techniken
graded job opportunities	gestaffelte Arbeitsmöglichkeiten
gradient	Steigung, Steilheit
grant (allowance)	Beihilfe, einmaliger Zuschuss, Stipendium
grant, award	Stipendium, Auszeichnung
graphesthesia	Graphästhesie
gravitational insecurity	Schwerkraftunsicherheit
grip force	Greifkraft
grooming	Körperpflege
gross coordination	Grobmotorik
gross grip	Faustschluss
gross income	Bruttoeinkommen
gross motor activities / skills	grobmotorische Aktivitäten / Fertigkeiten
gross movements	Grobmotorik
group development	Gruppenentwicklung
group dynamics	Gruppendynamik
group exercise	Gruppenübungen
group home	Wohnheim, Wohngemeinschaft
group interaction skills	Gruppeninteraktionsfähigkeiten

group leader	Gruppenleiter
group phases	Gruppenphasen
group process	Gruppenprozess
group process techniques	Techniken zur Förderung des Gruppenprozesses
group roles	Gruppenrollen
group therapy	Gruppentherapie
guide dog	Blindenhund
guided fantasy	geleitete Fantasie (-reise)

H

habit	Gewohnheit
habituate	Gewöhnung
habituation subsystem	Habituations-Subsystem, Gewohnheits-Subsystem
handedness	Händigkeit
handicap	Beeinträchtigung (ICIDH), Handicap
handicapped	beeinträchtigt
handicapping conditions	beeinträchtigende Bedingungen
handicraft	Handarbeit, Handwerk
handle s.th., to	umgehen mit
hand-out	Anleitung, Handzettel
handrail	Geländer, Handlauf
handskill	Handfertigkeiten, manuelle Fertigkeiten
hardness of hearing	Schwerhörigkeit
hardship allowance	Härtefallzuschuss
head injury	Kopfverletzung
head occupational therapist	leitende/r Ergotherapeut/in
health and welfare activities	Gesundheits- und Sozialmaßnahmen
health care staff	Personal im Gesundheitswesen
health education	Gesundheitserziehung
health insurance	Krankenversicherung
health maintenance	Gesundheitsvorsorge, Gesundheitserhalt
health resort	Kurort, Erholungsort
health service	Gesundheitsdienst
health visiting service	Besuchsdienst der Gesundheitsfürsorge
hearing capacity	Hörvermögen
hearing-aids	Hörgeräte
heart arrest	Herzstillstand
hemiparesis	Hemiparese
hemiplegia	Hemiplegie

hemispheric dysfunction	Hemisphärendysfunktion, hemisphärische Dysfunktion
hemispheric specialization	Hemisphärenspezialisierung, hemisphärische Spezialisierung
herring track	Help-Arm
highlight, to	beleuchten, Schwerpunkt setzen, betonen
history	Anamnese, Vorgeschichte
hoist	Lifter, Hebekran
holism	Ganzheitlichkeit, Holismus
holistic	holistisch, ganzheitlich
home adaptation	Wohnraumanpassung
home exercise program(me)	häusliches Übungsprogramm
home keys	Grundstellung der Finger (auf der Schreibmaschine), Finger-Grundstellung
home management	Haushaltsführung, Haushaltsmanagement
homebound (housebound)	an das Haus gebunden
home-help	Haushaltshilfe
homemaking	Haushaltsführung
homework	Hausaufgaben
hospital care	Krankenhauspflege, Spitalspflege
hospitalisation (in-patient treatment)	stationäre Behandlung
hospitalism	Hospitalismus
hostile	feindselig
hostility	Feindseligkeit
household maintenance	Haushaltsinstandhaltung
housekeeping	Haushaltführung
housing	häusliche Unterbringung
housing programme	Wohnungsbauprogramm
hyperresponsivity	Über-/Hyperreaktivität
hypersensitivity	Überempfindlichkeit
hypersensitivity to gravity	Schwerkraftüberempfindlichkeit

hypersensitivity to movement	Bewegungsüberempfindlichkeit
hypersensitivity to touch	taktile Überempfindlichkeit
hypertonia	Hypertonie
hypertonus	Hypertonus
hypokinetic disease	hypokinetische Erkrankung
hyporesponsivity	Unterreaktivität
hyporesponsivity to touch	Berührungsunterempfindlichkeit
hyposensitivity	Unterempfindlichkeit
hypotonia	Hypotonie
hypotonicity	Hypotonizität
hysterical conversion	Konversionsneurose

I/J

ideomotor apraxia	ideomotorische Apraxie
ideopathic	ideopathisch
illness	Krankheit, Erkrankung
impaired brain function	Hirnfunktionsbeeintächtigung / -störung
impaired brain performances	Hirnleistungsbeeinträchtigung/ -störung
impaired sensibility	Sensibilitätsbeeinträchtigung/ -störung
impairment	Schädigung (ICIDH)
implementation	Einführung, Umsetzung, Implementierung
implication	Implikation, Schlussfolgerung, Bedeutung
improve, to	verbessern
incoordination	Koordinationsschwäche
increase	Erhöhung, Zuschlag
increase, to	vergrößern, steigern, erhöhen
indemnity insurance	Haftpflichtversicherung
independence	Unabhängigkeit, Selbstständigkeit
independent	selbstständig, unabhängig
individualized education plan	individualisierter Lehrplan
industrial accident	Arbeitsunfall (im industriellen Bereich)
industrial and vocational unit	Arbeitstherapieabteilung
industrial rehabilitation	berufliche Rehabilitation im Industriebereich
industrial therapy	industrielle Arbeitstherapie
inference	Inferenz, logischer Schluss
infirmity	Gebrechlichkeit, Schwäche
information processing	Informationsverarbeitung
informed consent	informierte Einwilligung
inhibition	Hemmung, Inhibition (der Reizfortleitung, von Bewegungsmustern)

inhibition techniques	Inhibitionstechniken
inhibitory control	Steuerung durch Hemmung
initial interview	Erstgespräch
initiation	Initiierung, Einleiten
initiation of activity	Einleitung / Aufnahme einer Aktivität, Handlungsinitiation
injury (wound)	Verletzung, Wunde
in-patient	stationärer Patient, Krankenhauspatient
input	Input, Eingabe
inservice education	interne Fortbildung
institutional care	Institutionsunterbringung, Anstaltspflege, stationäre Versorgung
instrumental activities of daily life	instrumentelle Aktivitäten des täglichen Lebens
intake	Aufnahme
intake interview	Erstgespräch, Erstinterview
integration into employment	berufliche Eingliederung
integration of skills	Integration von Fertigkeiten / Fähigkeiten
intensive care unit	Intensivstation
interaction skills	Interaktionsfertigkeiten
interactive reasoning	Interaktives Reasoning
intercurrent	zwischenzeitlich (auftretend)
interests	Interessen
internalized expectations	verinnerlichte Erwartungen
internalized roles	internalisierte / verinnerlichte Rollen
International Classification of Impairments, Disabilities and Handicaps	Internationale Klassifikation der Schädigungen, Fähigkeitsstörungen und Beeinträchtigungen
interpersonal intelligence	interpersonelle Intelligenz
interpersonal skills	zwischenmenschlichen Fertigkeiten
interrater reliability	Interrater Reliabilität

intersensory association	intersensorische Assoziation (Verbindung)
intervention	Intervention
intrinsic motivation	intrinsische (innenwohnende) Motivation
investigation	Untersuchung
involve, to	befassen mit
irresponsible	unverantwortlich
issue	Angelegenheit, Thema
job aquisition	Stellensuche
job capacity evaluation	Evaluation der Arbeitsfähigkeit
job placement	Arbeitsvermittlung
joint	Gelenk
joint contracture	Gelenkkontraktur
joint limitation	Einschränkung der Gelenkbeweglichkeit
joint mobilization	Gelenkmobilisation
joint preservation	Gelenkschutz
joint protection	Gelenkschutz
joint range of motion	Bewegungsausmaß der Gelenke
joint replacement	Gelenkersatz
just right challenge	angemessene Herausforderung

K

keygrip	Schlüsselgriff
kinesthesia	Kinästhesie
kinetic activities, kinesthetic	kinetische / kinästhetische Aktivitäten
kyphosis	Kyphose

L

labor market, labour market	Arbeitsmarkt
lack	Mangel
language acquisition	Spracherwerb
lateralisation, laterality	Lateralität, Lateralisierung, Seitigkeit(sentwicklung)
lazy tongs	helfende Hand
leadership skills	Führungsfähigkeiten/-fertigkeiten
learned helplessness	erlernte Hilflosigkeit
learned nonuse	erlernter Nichtgebrauch
learning	lernen
learning disability	Lernbehinderung
learning disorder	Lernstörung
learning theory	Lerntheorie
least restrictive environment	am wenigsten einengende Umwelt
leave of absence	Beurlaubung
legal aid	Rechtshilfe
legitimate tools	Prinzipien und Medien des Berufes
leisure	Freizeit
leisure activities	Freizeitaktivitäten
leisure and gardening	Hobbygärtnern
leisure education	Freizeitförderung, Hobbyfindung
leisure skills	Fertigkeiten im Freizeitbereich
leisure time activities	Freizeitaktivitäten
level of arousal	Erregungsgrad, Erregungsniveau
level of processing	Verarbeitungsebene
lever	Hebel
life (permanent) pension	Rente / Pension auf Lebenszeit
life cycle	Lebenszyklus
life expectancy	Lebenserwartung
life review	Lebensrückblick
life roles	Lebensrollen
life space	Lebensraum
life span	Lebensspanne
life span perspective	Perspektive der Lebensspanne

limb fitter	Orthopädiemechaniker
limb fitting	Prothesenanpassung
limb fitting center, limb fitting centre	Orthopädische Werkstatt
limbic system	limbisches System
limbs	Extremitäten
linings	Futterstoffe, Polsterung (Schienen)
localization of tactile stimuli	Lokalisation taktiler Stimuli
locomotor difficulties	motorische Schwierigkeiten
long stay patients	Langzeitpatienten
long-term	Langzeit-
long-term chronic disease	chronische Erkrankung
long-term patient	Langzeitpatient
long-term care	Langzeitpflege
long-term memory	Langzeitgedächtnis
loosen, to	lockern
loosening	lockern, Lockerung
lordosis	Lordose
loss of motion	Bewegungsverlust
loss of the use of a limb	Funktionsverlust einer Gliedmaße
lower limb	untere Extremität / Gliedmaße
lower motor neuron	zweites Motoneuron
low-temperature thermoplastics	niedrigtemperatur-thermoplastisches Material
lumbar	lumbal

M

maintain, to	(aufrecht-)erhalten
maintenance	Erhaltung
maintenance therapy	erhaltende Therapie (zum Funktionserhalt)
major depressive disorder	Major Depressive Störung
maladaptive	schlecht angepasst, fehlangepasst
maladjusted	fehlangepasst, verhaltensauffällig
maladjustment	mangelnde Anpassung
malformation	Missbildung
manipulate, to	behandeln, beeinflussen, manipulieren
manual form perception	manuelles Formerkennen
manual muscle testing	manueller Muskeltest
mastery	Beherrschen, Bewältigung
maternity	Mutterschaft
maternity ward	Geburtsstation
maturation	Reifung
mature	reif
maximum security ward	Hochsicherheitsabteilung
meal preparation	Mahlzeiten zubereiten
meaning	Bedeutung
meaningful	bedeutungsvoll
meaningfulness	Sinnhaftigkeit
meaningfulness of activities	Sinnhaftigkeit von Aktivitäten
measure	Maß, Messinstrument, Maßnahme
measurement of joint range of movement	Gelenkmessung
measurement of range of movement	Messen des Bewegungsausmaßes
mechanical devices	mechanische Geräte / Werkzeuge
mechanism of defence	Abwehrmechanismus
mechanistic thinking	mechanistisches Denken
medical	medizinisch, innere Medizin betreffend
medical attendant	Krankenpfleger/in

medical care	medizinische Versorgung
medical notes	medizinische Aufzeichnungen
medical prescription	Verordnung, Verschreibung, Rezept
medical treatment	medizinische Behandlung
medication management	Umgang mit Medikamenten
medication routine	Medikamentierungsroutine, regelmäßige und sorgfältige Einnahme von Medikamenten
memory	Gedächtnis
memory deficit	Gedächtnisstörung
meningitis	Meningitis
mental development	geistige Entwicklung
mental disorder	psychische Störung, geistige Störung
mental health	psychische / geistige Gesundheit
mental impairment	geistige Schädigung
mental retardation	geistige Behinderung, Verzögerung der geistigen Entwicklung
mentally handicapped	geistig behindert
mentally ill	psychisch krank
mentally retarded	geistig zurückgeblieben, retardiert
metastasize, to	metastasieren
method of treatment	Behandlungsmethode
microcephalus	Mikrozephalus
midline	Mittellinie
midline crossing	Überkreuzen der Mittellinie
mild stroke	leichter Schlaganfall
milieu therapy	Milieutherapie
minimal brain damage	minimale Hirnschädigung
minimal brain dysfunction	minimale zerebrale Dysfunktion (Abk: MCD)
minor injury	Bagatellverletzung
misjudgement	Fehleinschätzung
mission statement	Leitbild

mobility	Mobilität
mobility aid	Hilfsmittel zur Fortbewegung
mobility training	Mobilitätstraining
mode of treatment	Behandlungsmodus, -ansatz
Model of Human Occupation	Modell menschlicher Betätigung
Model of Personal Adaptation through Occupation	Modell persönlicher Anpassung durch Betätigung
modelling	„Modelling“ (Therapieform des Lernens am Modell)
modelling	modellieren
modulation	Modulation
molded seat chair	Schalensitz
money management	Geld-Management, Umgang mit Geld / Finanzen
monkey pole	Bettgalgen
mood	Stimmung
Moro reflex	Moro-Reflex
morphological disorders	morphologische Störungen, organische Erkrankungen
motor	die Bewegung betreffend, motorisch
motor accuracy	motorische Genauigkeit
motor behavio(u)r	motorisches Verhalten
motor control	motorische Steuerung, motorische Kontrolle
motor development	motorische Entwicklung
motor disability	Bewegungsstörungen, motorische Fähigkeitsstörung
motor impairment	motorische Schädigung
motor incoordination	motorische Unkoordiniertheit
motor learning	motorisches Lernen
motor neuron disease	progressive Muskelatrophie
motor planning	motorische Planung, Bewegungsplanung
motor praxis	motorische Praxie

motor skills	motorische Fertigkeiten
motor tests	motorische Tests
motorized invalid carriage, motorised invalid carriage	motorbetriebenes Behindertenfahrzeug
mouth stick	Mundstab
movement	Bewegung
movement pattern	Bewegungsmuster
multiple disabilities	Mehrfachbehinderung
muscle bulk	Muskelumfang
muscle endurance	muskuläre Ausdauer
muscle imbalance	muskuläres Ungleichgewicht
muscle power	Muskelkraft
muscle strength	Muskelkraft
muscle strengthening	Muskelkräftigung
muscle testing	Muskeltest
muscle tone	Muskeltonus
muscle weakness	Muskelschwäche
muscular atrophy	Muskelatrophie
muscular dystrophy	Muskeldystrophie
muscular effort	Muskelleistung
musculoskeletal	Muskulatur und Skelett betreffend
mutual support group	Selbsthilfegruppe, Betroffenengruppe
myoelectric prosthesis	myoelektrische Prothese

N

narrative	narrativ, lebensgeschichtliche Erzählung
narrative documentation	narrative Dokumentation
national health insurance	nationale Krankenversicherung (GB)
nature, in	von Natur aus, in sich
neck righting reflex	Halsstellreflex
needs	Bedürfnisse
negative reinforcement	negative Verstärkung
negligence	Vernachlässigung
nervous	aufgeregt, nervös, nervlich, Nerven-
nervous breakdown	Nervenzusammenbruch
neurobehavio(u)ral approach	Neuro-Verhaltensansatz
neurobehavio(u)ral foundations	Neuro-Verhaltens-Grundlagen
neurobehavio(u)ral functions	Neuro-Verhaltens-Funktionen
neurodevelopment	neuronale Entwicklung, neurophysiologische Entwicklung
neurodevelopmental techniques	neurophysiologische Behandlungsverfahren
neurological disorder	neurologische Störung
neuromotor learning	neuromotorisches Lernen
neuromuscular	neuromuskulär, Nerven und Muskeln betreffend, die Skelettmuskeln betreffend
neuromuscular facilitation	neuromuskuläre Fazilitation
neuromuscular inhibition	neuromuskuläre Inhibition
neuromuscular re-education	neuromuskuläres Umschulen / Reedukation
neuromusculoskeletal	neuromuskulär und Bewegungsapparat
neuron	Neuron
neuronal model	neuronales Modell
non-adaptive	unangepasst
non-collapsible wheelchair	nicht faltbarer Rollstuhl

non-slip covering	rutschfester Belag, Unterlage
nuclei	Nuklei, Hirnnervenkerne
nucleus	Nukleus, Hirnnervenkern
nursing	Pflege
nutritional practices	Ernährungsgewohnheiten
nystagmus	Nystagmus

O

object complexity	Objektkomplexität
object relations	Objektbeziehungen
objectives	Feinziele
observation	Beobachtung
obsessive-compulsive disorder	Zwangsneurose, Zwangsstörung
occupation	Betätigung, Handlung, Tätigkeit, Beschäftigung
occupational activities center, occupational activity centre	ergotherapeutisches Behandlungszentrum
occupational balance	Betätigungsausgewogenheit, Ausgewogenheit der Betätigungen
occupational behavio(u)r	Betätigungsverhalten
occupational capacity	Betätigungsvermögen
occupational disability	berufliche Fähigkeitsstörung
occupational disease	Berufskrankheit
occupational form	Betätigungsform
occupational goals	Betätigungsziele, Handlungsziele
occupational history	beruflicher Werdegang
occupational imbalance	Betätigungsinbalance (Betätigungsunausgewogenheit)
occupational risk factors	Betätigungs-Risikofaktoren
occupational roles	Betätigungsrollen
occupational science	Occupational Science (Betätigungswissenschaften, ergotherapeutische Wissenschaften)
occupational skills	Betätigungsfertigkeiten (-fähigkeiten)
occupational structure	Betätigungsstruktur
occupational therapist	Ergotherapeut/in
occupational therapy	Ergotherapie
occupational therapy aide	Ergotherapie-Helfer
occupational therapy practitioner	praktisch arbeitende/r Ergotherapeut/in
occupational therapy prior to resuming/starting work	berufsvorbereitende Ergotherapie

occupational therapy unit	Ergotherapieabteilung
occurrence	Auftreten, Vorkommen
ocular movement	Augenbewegung
ocular pursuit	visuelles Verfolgen
old-old	hochbetagt (über 75 Jahre)
one hand techniques	einhändige Techniken
onset of a fit	Anfallsauslösung
onset of disability	Beginn der Behinderung
on-the-job evaluation	Arbeitserprobung
operate (to) a prosthesis	mit einer Prothese umgehen
oral defensiveness	orale Defensivität
oral hygiene	Mundhygiene
oral motor activities	orale motorische Aktivitäten
oral praxis	orale Praxie
oral-motor control	Steuerung der Mundmotorik
ordinary school	Regelschule
orientation	Orientierung
orthopaedic appliance	orthopädisches Hilfsmittel
orthopaedic disorder	orthopädische Störung / Behinderung
orthopaedic supplies	orthopädische Hilfsmittel / Ausstattung
orthopaedic surgeon	orthopädischer Chirurg
orthopaedics, orthopedic	Orthopädie
orthoptics	Orthoptik
orthosis	Orthese
orthotics	Orthetik
orthotist	Orthopädiemechaniker
osteoarthritis	Osteoarthritis
ostomy	Ostomie, Stoma
outcome measure	Ergebnismessung, Ergebnis-Messinstrument
outline	Entwurf
outline of motion	Bewegungsentwurf

outpatient	ambulanter Patient
outpatient care	ambulante Betreuung / Versorgung
outpatient clinic (department)	ambulante Einrichtung, Ambulanz
outpatient services	ambulante Dienste
outpatients unit	Ambulanz
output	Output, Ertrag, Ergebnis
overarousal	Übererregung
overhead mirror	Bettspiegel
overhead sling	Bettgalgen mit Schlinge
overprotective	überbehütend
over-the-counter medicine	rezeptfreies Medikament

P

pacemaker	Schrittmacher
pad	Futter, Polster
pad, to	füttern, polstern
paid employment	bezahlte Beschäftigung, Arbeit
pain	Schmerz
pain limit	Schmerzgrenze
pain response	Schmerzreaktion
palliative care	palliative Pflege
panic attack	Panikattacke
panic disorder	Panikstörung
paradigm	Paradigma
parallel interventions	parallele Interventionen
parallel play	paralleles Spiel
paralysis	Paralyse, Lähmung
paramedical staff	ärztliches Hilfspersonal, paramedizinisches Personal
parent counselling	Elternberatung
participant-observer	teilnehmender Beobachter
passive muscle exercise	passive Muskelübungen
passive range of motion	passives Bewegungsausmaß
passive range of movement	passives Bewegungsausmaß
pathological conditions	krankheitsfördernde, pathologische Bedingungen
pathological reflex patterns	pathologische reflektorische Bewegungsmuster
pattern	Muster
patterns of behavio(u)r	Verhaltensmuster
patterns of dysfunctions	Störungsmuster
patterns of movement	Bewegungsmuster
Pediatric Assessment of Self-Care Activities	Pädiatrisches Assessment der Selbstversorgungsaktivitäten
pediatrics	Pädiatrie
peer review	Peer Review, Überprüfung durch Ebenbürtige

per diem rate	Tagessatz
perception	Wahrnehmung
perceptual motor skill	Wahrnehmungs- und motorische Fähigkeiten, sensomotorische Fähigkeiten, perzeptomotorische Fähigkeiten
perceptual processing	Reiz-, Wahrnehmungsverarbeitung
perceptual training	Perzeptions-, Wahrnehmungstraining
perceptual-motor	perzeptomotorisch
perceptual-motor disabilities	perzeptomotorische Störungen
performance	Performanz (Durchführung, Ausführung, Handlungsausführung)
performance areas	Performanzbereiche (Tätigkeitsbereiche, Handlungsbereiche)
performance components	Performanzkomponenten
performance context	Performanz-, Handlungs-, Betätigungskontext
performance improvement	Verbesserung der Performanz
performance skills	Leistungs-, Performanzfertigkeiten
performance subsystem	Performanz-Subsystem (Ausführungs-Subsystem)
permanent disability	dauerhafte Behinderung / Fähigkeitsstörung
permanently bedridden	dauerhaft bettlägerig
personal	persönlich
personal adaptation	persönliche Anpassung
personal care	Körperpflege
personal causation	Selbstbild
personal device care	Pflege der eigenen Hilfsmittel
personal satisfaction	persönliche Zufriedenheit
personality trait	Persönlichkeitsmerkmal
personell	Personal
person-environment fit	Person-Umwelt-Anpassung

person-environment interactions	Person-Umwelt-Interaktionen
phantom limb	Phantomglied
physical	physisch
physical demands	körperliche Anforderungen
physical disability	physische Fähigkeitsstörung
physical disorder	körperliche Störung
physical endurance / tolerance	körperliche Ausdauer, Toleranz
physical impairment	körperliche Schädigung
physical skills	körperliche Fertigkeiten
physical therapist	Physiotherapeut/in
physical therapy	Physiotherapie
physically disabled	körperbehindert
physician	Arzt
pinch grip	Spitzgriff
placement	Vermittlung, Praktikumstelle, Platzierung
planes of motion	räumliche Ebenen der Bewegung
plaster	Gips, Pflaster
plaster cast	Gipsverband
plastic surgery	plastische Chirurgie
play or leisure activities	Spiel- oder Freizeitaktivitäten
play or leisure exploration	Abklärung des Spiel- und Freizeitverhaltens
play or leisure performance	Spiel- oder Freizeitperformanz, -verhalten, -handlung
play theory	Spieltheorie
playfulness	Verspieltheit
poor quality	niedrige, schlechte Qualität
portage	Transport, Beförderung
position in space	Raumlage, Stellung im Raum
position sense	Lagesinn
positioning	positionieren, Lagerung
postgraduate OT	Ergotherapeutin im Aufbaustudium
postrotatory nystagmus	postrotatorischer Nystagmus

postural	postural, Haltungs- (die Haltung betreffend)
postural alignment	Haltungsanpassung, -ausrichtung
postural background	Haltungshintergrund
postural control	Haltungskontrolle
postural insecurity	Haltungsunsicherheit
postural mechanisms	Haltungsmechanismen
postural praxis	posturale Praxie, Haltungspraxie
postural reflex	Posturalreflex, Haltungsreflex
postural-ocular disorder	postural-okuläre Bewegungsstörung
posture	Haltung, Stellung
potency of interests	Interessenstärke, -ausprägung
power grip	Faustschluss
powered wheelchair	elektrischer Rollstuhl
practice of musclemoving	Muskeltraining
practitioner	Praktizierender (z.B. Ergotherapeut)
praxis	Praxie (Handlungsplanung und Handlungsdurchführung), motorische Planung
praxis on verbal command	Praxie auf verbale Anweisung
preferred hand	dominante Hand
prehension test	Greif(funktions)test
presbycusis	Altersschwerhörigkeit
presbyopia	Alterssichtigkeit
pressure reduction	Druckentlastung, Druckverringerung
pressure sore	Druckstelle, Dekubitus
pre-stimulus arousal deficiency	mangelhafte Reizaufnahmebereitschaft
pre-term infant	frühgeborenes Kind
prevocational evaluation / training	Arbeitserprobung, Arbeitstraining
private practice	Praxis (eines Heilmittelerbringers oder Mediziners)
problem solving	Problemlösung
proceeding / procedure	Vorgehensweise, Verfahren

process	Prozess
process skills	Verarbeitungsfertigkeit
process, to	verarbeiten
productivity	Produktivität
profession	Beruf, Profession
professional	berufsspezifisch, beruflich, professionell
professional disciplines	Berufsgruppen
professional entity	berufliche Einheit, Geschlossenheit
professional model	berufliches Modell (berufsbezogenes Modell)
professional practice	Berufsausübung
progress	Fortschritt, Verlauf
progress notes	Verlaufsdokumentation
projective techniques	projektive Techniken (Gestaltungstherapie)
promotion	Förderung, Beförderung
prone board	Bauchliegebrett
prone cart	Rollwagen
prone extension	Extension / Streckung (der Wirbelsäule) in Bauchlage
prone position	Bauchlage
prone scooter	Rollbrett
proprioception	Propriozeption, Eigenwahrnehmung (durch Propriorezeptoren)
proprioceptive	propriozeptiv
pros and cons	Argumente dafür und dagegen
prosthesis	Prothese
prosthetic aid	Prothese
prosthetic center	Zentrum für technische Orthopädie
prosthetic technician	Orthopädiemechaniker, Prothesentechniker
prosthetic(amputee) training	Prothesentraining
prosthetics	Prothetik

prosthetist	Prothesenhersteller
protective extension	Stützreaktion
protective reflex	Schutzreflex
provider	Versorger, Bereitsteller
psychiatrically disabled	psychisch beeinträchtigt (ICIDH: psychische Fähigkeitsstörung)
psychiatrist	Psychiater
psychiatry	Psychiatrie
psychological components	psychologische Komponenten
psychological guidance	psychologische Beratung
psychological measures	psychologische Maßnahmen
psychological skills	psychologische Fertigkeiten
psychologist	Psychologe
psychometric	psychometrisch
psychophysical	psychophysisch, Körper und Seele betreffend
public assistance	staatliche Fürsorge, öffentliche Unterstützung
pupil guidance	Schülerberatung, -anleitung
purposeful	zweckgerichtet, sinnvoll, bedeutungsvoll

Q

quadriplegia	Tetraplegie
quadriplegic	tetraplegisch, Tetraplegiker
quadruped	vierfüßig
quadruped stand	Vierfüßler-Stand
quality assurance	Qualitätssicherung
quality of life	Lebensqualität
questionnaire	Fragebogen

R

ramp	Rampe
range of motion / movement	Bewegungsausmaß
rapport	Beziehung
rate	Einstufung, Grad, Höhe
rating board	Begutachtungsstelle
rating scale	Bewertungstabelle, Bewertungsskala
rationale	Begründung
readiness skills	Fähigkeit der Bereitschaft zum Lernen
readjustment	Wiederanpassung
readjustment benefits	Wiedereingliederungshilfe
reality orientation	Realitätsbezug, -orientierung, -sinn
reality testing	Realitätsüberprüfung
reality therapy	Realitätstherapie
reasoning	Reasoning, Begründen, Entscheiden
reasoning, clinical	klinisches Reasoning (Denken und Entscheiden in klinischer Praxis)
reasoning, conditional	situationsumfassendes Denken
reasoning, diagnostic	diagnostisches Denken
reasoning, interactive	interaktives Denken
reasoning, intuitive	Intuition
reasoning, narrative	narratives Reasoning, Denken in Geschichten
reasoning, practical	praktisches Denken
reasoning, procedural	verfahrensorientiertes Denken
reasoning, professional	professionelles Denken (berufspraktisch und berufstheoretisch)
reasoning, scientific	wissenschaftliches Denken
reasoning, technical	Technikdenken, ablauforientiertes Denken
reasoning, theoretical	theoretisches Denken
receptor	Rezeptor

recipient	Empfänger
reciprocal movement activities	bilaterale, entgegengesetzte Bewegungen
recognition	Anerkennung, Wiedererkennung, Erkennen
record	Krankengeschichte, Bericht, Akte
recovery	Genesung
recreation	Erholung, Freizeit
reduce spasticity, to	Spastik mindern, Tonus senken
reduction of working capacity	Einschränkung der Arbeitsfähigkeit
re-employment	Wiederbeschäftigung, Wiedereinstellung
reference	Verweis, Referenz
referral	Überweisung (eines Patienten), Zuweisung
reflex	Reflex, Reaktion
reflex patterns	Reflexmuster, Reaktionsmuster
regain, to	wiedererlangen
registered	eingetragen, registriert
regular care	Standardpflege
rehabilitation (retraining)	Rehabilitation, Umschulung
rehabilitation allowances	Rehabilitationsbeihilfe
rehabilitation consultant	Rehabilitationsberater
rehabilitation counselling (counsellor)	Rehabilitationsberatung, -berater
rehabilitation facilities	Rehabilitationseinrichtungen
rehabilitation staff	Rehabilitationspersonal
reimbursement	Erstattung, Kostenerstattung
reinforce, to	verstärken
reinforcement	Verstärkung
reinstatement (reintegration)	Wiedereingliederung
relation	Beziehung
reliability	Reliabilität
remedial exercises	heilgymnastische Übungen
remedial game	(heilendes) funktionelles Spiel

remedial profession	Heilhilfsberuf
reminiscence (nostalgia) therapy	Erinnerungstherapie
removal of organ	Entfernung eines Organs
repetitive strain injury	Verletzung durch wiederholte Überlastung
research (investigation)	Forschung, Nachforschung, Untersuchung
resettlement	Wiedereingliederung, Wiederansiedlung
residential accommodation	Wohnheim
residential care	Heimunterbringung
residential center, residential centre	Internat, Wohnheim
residual capacity	Restleistungsfähigkeit
resistance	Widerstand
resisted exercises	Widerstandsübungen
resolve a problem, to	Problem lösen, Problem beheben
respond, to	reagieren, beantworten
response	Reaktion
responsive, to be ... to	auf etwas reagieren (z.B. auf eine Therapie)
responsiveness	Reaktionsfähigkeit
rest	Ruhe, Erholung
resting splint	Lagerungsschiene
retarded	verzögert, retardiert
reticular core	Retikularformation, formatio reticularis
retirement pension	Altersrente, -pension
retirement planning	Altersplanung, Ruhestandsplanung
retraining	Umschulung
rheumathoid arthritis	Rheuma, rheumatoide Arthritis
righting reactions / reflex	Stellreaktionen / -reflex
right-left discrimination	Rechts-links-Unterscheidung
rigidity	Rigidität, Starrheit, Steifheit
role balance	Rollenbalance

role blurring	Rollenverschleierung
role conflict	Rollenkonflikt
role loss	Rollenverlust
role making	Rollengestaltung
role model	Vorbild
role performance	Rollenperformanz, Rollenverhalten
role taking	Rollenübernahme
rope ladder	Strickleiter
routine task	Routinearbeit, -aufgabe

S

safety procedure	Sicherheitsvorkehrungen, -maß-nahmen
scale of rates	Gebührenskala, Bewertungsskala
scale rate	Messwert
scar	Narbe
seatbalance	Sitzbalance
selective placement	ausgewählte Platzierung, gezielte Unterbringung
self-actualization	Selbstverwirklichung
self-care	Selbstversorgung
self-care proficiency	Fertigkeit zur Selbstversorgung
self-care skills	Selbstversorgungsfähigkeiten
self-concept	Selbstkonzept, -bild
self-confidence	Selbstvertrauen
self-control	Selbstkontrolle, Selbststeuerung
self-direction	Selbststeuerung
self-efficacy	Selbstwirksamkeit
self-esteem	Selbsteinschätzung, Selbstwert-gefühl
self-expression	Selbstausdruck, Selbstdarstellung, Ausdruck der eigenen Persönlichkeit
self-help	Selbsthilfe
self-help center	Selbsthilfe-Einrichtung
self-identity	Ich-Identität
self-image	Selbstbild
self-management	Selbstorganisation
self-perception	Selbstwahrnehmung
self-reliance	Selbstsicherheit
self-report	Eigenanamnese
self-understanding	Selbstverständnis
sensation	Eindruck, Empfindung
sense of control	Kontrollüberzeugung
sensibility training	Sensibilitätstraining
sensible	vernünftig

sensitivity	Empfindsamkeit, Feingefühl, Sensibilität
sensorimotor	sensomotorisch
sensorimotor components	sensomotorische Komponenten
sensory aid	sensorisches Hilfsmittel
sensory awareness	sensorische Bewusstheit, Sinneswahrnehmung
sensory defensiveness	sensorische Defensivität
sensory deprivation	sensorische Deprivation
sensory impairment	sensorische Schädigung
sensory inflow, sensory intake	Reizaufnahme
sensory integration	sensorische Integration
Sensory Integration and Praxis Test	Sensory Integration and Praxis Test
sensory memory	sensorisches Gedächtnis
sensory modalities	Sinnesmodalitäten
sensory output	sensorischer Output
sensory processing	Reizverarbeitung, Verarbeitung sensorischer Reize
sensory re-education	Training zur sensorischen Reizverarbeitung, sensorisches Training
sensory registration	sensorische (Reiz-)Registrierung
sensory testing	sensorische Testung
sensory-integrative dysfunction	sensorische Integrationsstörung
sequence of motor actions	motorische Handlungsabfolge / -sequenz
sequenced movements	sequentielle Bewegungsmuster
sequencing	sequenzieren, in Einzelschritte aufteilen
sequencing praxis	Sequenzierungs-Praxie
seriousness	Ernsthaftigkeit
service record	Dienstnachweis
severe cases	schwere Fälle, Problemfälle
severe disability	Schwerbehinderung, schwere Fähigkeitsstörung

severe disablement allowance	Schwerbehindertenrente
severe retardation	schwere Retardierung
severely disabled person	Schwerbehinderter
severely retarded	schwer geistig behindert
sexual expression	sexueller Ausdruck, Sexualität
shaping	Gestaltung
sheltered accommodation	geschütztes Wohnen
sheltered employment	beschützte Arbeit
sheltered housing	beschütztes Wohnen
sheltered work	beschützte Arbeit
sheltered workshop	Werkstatt für Behinderte, beschützende Werkstatt
shoehorn	Schuhlöffel
shopping	einkaufen
short of breath	kurzatmig
short side	verkürzte Seite
short-term memory	Kurzzeitgedächtnis
shoulder stiffness	Schultersteife
shower seat	Duschsitz
showering	duschen
sickness benefit	Lohnfortzahlung im Krankheitsfall
sickness insurance	Krankenversicherung
side-effect	Nebenwirkung
sight (visual) disturbances	Sehstörung
sign indicating accessibility	Symbol für Zugangsmöglichkeiten
significant others	Bezugspersonen
simplify, to	vereinfachen
simulated conditions	simulierte Bedingungen
single therapy	Einzeltherapie
site of amputation	Amputationsbereich
skill	Fertigkeit (Unterschied zu ability = Fähigkeit)
skilled worker	Facharbeiter
skills, adaptive	Anpassungsfertigkeiten

skills, cognitive	kognitive Fertigkeiten
skills, dyadic interaction	dyadische Interaktionsfertigkeiten
skills, group interaction	Interaktionsfertigkeiten in Gruppen
skills, self-identity	Fertigkeiten der Selbst-Identität
skills, sensory integration	Fertigkeiten der sensorischen Integration
skills, sexual identity	Fertigkeiten der sexuellen Identität
sling	Schlinge
slip mat	rutschfeste Unterlage
social	sozial
social aid	soziale Hilfestellung
social appropriateness of habits	soziale Angemessenheit von Gewohnheiten
social casework	soziale (Einzel-)Fallarbeit
social conduct	soziales Auftreten
social degrading	sozialer Abstieg
social development / function	soziale Entwicklung / Funktion
social development plan	soziales Entwicklungsprogramm
social measures	soziale Maßnahmen
social services	soziale Dienste
social skills training	Training sozialer Kompetenzen
social support	soziale Unterstützung
social welfare	Sozialhilfe, Sozialfürsorge
social work	Sozialarbeit
socialization	Sozialisation
socket	Gelenkpfanne, Augenhöhle
soft tissue contracture	Weichteilkontraktur
soft tissue integrity	Unversehrtheit der Weichteile
solitary play	solitäres Spiel, Einzelspiel
Somatodyspraxia	Somatodyspraxie
somatomotor adaptive response	motorische Anpassungsreaktion
somatopraxis	Somatopraxie
sound signals	akustische Signale
space / time perception	räumliche / zeitliche Wahrnehmung

space perception	Raumwahrnehmung
space visualization	räumliche Vorstellung / Visualisierung
spacial-temporal patterns	räumlich-zeitliche Muster
span grip	Sphärengriff
sparetime activity	Freizeitaktivitäten
spatial image	räumliche Vorstellung
spatial operation	räumliches Vorstellungsvermögen, räumliche Operationen
spatial orientation	räumliche Orientierung
spatial relations	räumliche Beziehungen
special eating utensils	Esshilfen
special education	Sonderschulbildung, Sonderschulzweig
special education teacher	Sonderschullehrer
special school	Sonderschule
special school for the disabled	Sonderschule für Behinderte
special school for the handicapped	Sonderschule für Behinderte
specialist education	Fachunterricht, Fachausbildung
specialist instructor	Fachpädagoge
specialist teacher	Sonderschullehrer
speech disorder	Sprachstörung
speech therapist	Logopäde/in, Sprachtherapeut
spinal column	Wirbelsäule
spinal cord	Rückenmark
spinal injury unit	Abteilung für Rückenmarksverletzungen, Querschnittszentrum
splint	Schiene
splinter skill	Splitterfertigkeit, Teilfertigkeit
spontaneous recovery	Spontanheilung
spouse abuse	Missbrauch des Ehepartners
spouse battering	Schlagen des Ehepartners
sprain	Verstauchung
spring	Feder

stable	stabil
staff	Personal
standing and walking balance	Steh- und Gehbalance
state of arousal	Erregungszustand
static	statisch
status of jointfunction	Gelenksfunktionsstatus
steady state	stabiler Zustand
stereognosis	Stereognosie
stimulus sensitivity	Reizempfindlichkeit
stocking gutter	Strumpfanzieher
stool seating	Sitzfläche eines Hockers
strain	Belastung
strength	Kraft
strengthen, to	stärken, kräftigen
stretch, to	dehnen
stretcher	Trage
stroke	Schlaganfall
stroke patient	Schlaganfallpatient
structural complexity	strukturelle Komplexität
structuring	strukturieren
structuring environment	strukturierendes Umfeld
stump	Stumpf
stump sock	Stumpfstrumpf
subgoal	Teilziel
subjective measure	subjektive Messung
subsistance allowance	Beihilfe zur Sicherung des Existenzminimums
subsistance level	Existenzminimum
subskill	Teilfähigkeit, untergeordnete Fähigkeit
subtask	Teilaufgabe, untergeordnete Aufgabe
suction prosthesis (vacuum prosthesis)	Saugprothese, Vakuumprothese

suitcase grip	Koffergriff
superficial sensibility	Oberflächensensibilität
supine flexion	Flexion (Beugung) in Rückenlage
supine position	Rückenlage
supplementary allowances	zusätzliche Beihilfe
support reaction	Stützreaktion
surface area of pavement	Gehsteigoberfläche
surgical operation	chirurgischer Eingriff
surgical treatment	chirurgische Behandlung
surrogate	Ersatz-...
suspense	Spannung, Anspannung
suspension	Unterbrechung, Aussetzung
sustain, to	erhalten
swelling	Schwellung
symbolic meaning	symbolische Bedeutung, Symbolgehalt
symmetrical tonic neck reflex	symmetrischer tonischer Nackenreflex (Abk. STNR)
synapse	Synapse
systems theory	systemische Theorie, Systemtheorie

T

tactile defensiveness	taktile Defensivität, taktile Abwehr
tactile discrimination	taktile Diskrimination (taktile Unterscheidung, taktile Differenzierung)
tactile sensibility	taktile Sensibilität, Tastempfinden
tactile-kinesthetic	taktil-kinästhetisch
tapping	Tapping, klopfen
task	Aufgabe
task analysis	Aufgabenanalyse
task complexity	Aufgabenkomplexität
tasks, meaningful	sinnvolle Aufgaben
teaching staff	Lehrkräfte
team approach	Teamansatz
technical aids	technische Hilfsmittel
teleological	teleologisch, zweckbestimmt
temporal	zeitlich
temporal boundaries of tasks	zeitliche Begrenzung einer Aufgabe
temporal orientation	zeitliche Orientierung
temporality	Zeitbewusstheit
temporary disability	vorübergehende Fähigkeitsstörung
tendon	Sehne
termination of activity	Handlungstermination
textile sciences	textiles Gestalten
theme centered	themenzentriert
therapeutic consideration	therapeutische Überlegungen
therapeutic putty	Therapiekitt
therapeutically	therapeutisch
thermal treatment	Thermalbehandlung
thigh amputee	Oberschenkelamputierte, -r
thigh socket	Oberschenkelgelenkpfanne
thoracic surgery	Thoraxchirurgie
throughput	Durchlauf, Verarbeitung
tights	Strumpfhose
time management	Zeit-Management
toilet hygiene	Toilettenhygiene, Toilettengang

tool	Werkzeug, Mittel
topographical orientation	räumliche / topographische Orientierung
total disability	Vollinvalidität, vollständige Fähigkeitsstörung
total hip replacement	Totalhüftendoprothese (Abk. TEP)
touch perception	Berührungswahrnehmung
tract	Tractus, Bahn
train the range of movement, to	Beüben des Bewegungsausmaßes
training (on-the-job)	Schulung / Training am Arbeitsplatz
training center for the blind	Schulungszentrum für Blinde
training of joint protection	Gelenkschutztraining
training of kitchenwork	Küchentraining
transfer board	Rutschbrett
transference	Übertragung, Transfer
transferring	Übertragen, Transfer durchführen
transient ischemic attack	transitorische ischämische Attacke (Abk. TIA)
transmission of knowledges and values	Vermittlung von Wissen und Werten
treat, to	behandeln
treatment at home	häusliche Behandlung, Hausbehandlung, Hausbesuch
treatment objectives	Behandlungsziele, -zielsetzungen
treatment plan	Behandlungsplan
treatment process and procedure	Behandlungsprozess und -vorgehen
treatment session	Behandlung, Behandlungseinheit, Therapiesitzung
trick movements	Ersatz-, Trickbewegung
tripod	Dreipunktstock, 3-Punkt-Gehhilfe
tripod grip	Dreipunktgriff
trunk control	Rumpfkontrolle
tweezers	Pinzette

U

ulcerative colitis	Colitis ulcerosa
under-age child	minderjähriges Kind
understanding of one´s role	Rollenverständnis
unemployment	Arbeitslosigkeit
unemployment benefit	Arbeitslosenunterstützung, -geld
unemployment insurance	Arbeitslosenversicherung
upper limb	obere Gliedmaßen
upper-arm amputee	Oberarmamputierte, -r
utility	Brauchbarkeit, Anwendbarkeit, Praktikabilität

V

validated	validiert
validity	Validität
values	Werte
vestibular	vestibulär
vestibular bilateral disorder	vestibulär-bilaterale Integrationsstörung
vestibular-proprioceptive disorder	vestibulär-propriozeptive Dysfunktion
victim of industrial injury	Arbeitsunfallverletzter
visual	visuell, Seh-
visual acuity	Sehvermögen, Sehschärfe
visual field	Gesichtsfeld
visual neglect	visueller Neglekt
visual perception	visuelle Wahrnehmung
visual-closure	visuelle Geschlossenheit, Gestalt vervollständigen
visual-motor integration	visuomotorische Integration
visual-perceptive	visuell-perzeptiv
visual-perceptive factor	visuell-perzeptiver Faktor
visuodyspraxia	Visuodyspraxie
visuopraxis	Visuo-Praxie
vocational (industrial, occupational)	beruflich, berufsbezogen
vocational activities	berufliche Tätigkeiten, Aktivitäten
vocational assessment	Arbeitserprobung
vocational counsellor	Berufsberater, -in
vocational disability	berufliche Fähigkeitsstörung
vocational disablement	berufliche Beeinträchtigung
vocational exploration	Arbeitsanamnese
vocational guidance	Berufsberatung
vocational guidance counsellor	Berufsberater, -in
vocational measures	berufliche Maßnahmen
vocational rehabilitation center	Zentrum f. berufliche Rehabilitation
vocational retraining	berufliche Umschulung
vocational testing	berufliche Eignungsprüfung

vocational training instructor	(Berufs-) Ausbilder
volition subsystem	Volitions-Subsystem, Willens-Subsystem
volitional questionnaire	Fragebogen zur Volition
voluntary activities	freiwillige / ehrenamtliche Aktivitäten
voluntary control	willkürliche Steuerung
voluntary organization	ehrenamtliche Organisationen
voluntary reporting	freiwillige Berichterstattung
volunteer participation	ehrenamtliche Beteiligung
vulnerable (to)	anfällig (für)

W

walking frame	Gehgestell
walking instructor	Anleiter für Gangschulung
walking stick	Gehstock
war victim	Kriegsopfer
wax bath	Paraffinbad
weakness of brain	Hirnleistungsschwäche
web space	Interdigitalfalte (d1-2)
weightbearing	Gewicht tragend, beschwerend
welfare associations	Wohlfahrtsverbände
well-being	Wohlbefinden
wellness	Wohlbefinden
wheelchair	Rollstuhl
wheelchair training	Rollstuhltraining
withdrawn	zurückgezogen, verschlossen
work and productive activities	Arbeit und produktive Aktivitäten
work capacity assessment	Arbeitsleistungserhebung
work compensation salary	Lohnersatzleistung
work disability	Arbeitsfähigkeitsstörung
work efficiency	Arbeitseffizienz
Work Environment Inventory Scale	Fragebogen zum Einfluss des Arbeitsumfeldes auf den Stelleninhaber
work hardening	Arbeitserprobung, Arbeitsbelastungstraining
work or job performance	Qualität der Arbeitsausführung
work samples	Arbeitsproben
work simplification	Arbeitsvereinfachung
work site analysis	Arbeitsplatzanalyse
work tolerance	Arbeitstoleranz, Belastungsfähigkeit, Belastungstoleranz
work trial	Arbeitsversuch
working capacity (ability)	Arbeitsfähigkeit
working surface	Arbeitsfläche
workshop	Werkstatt, Workshop

writing aids	Schreibhilfen

Y

young-old | betagt (60 - 75 Jahre)

Abkürzungen

AA	Alcoholics Anonymous
AAOT	Australian Association of Occupational Therapists
AAROM	Active assistive range of movement
ACIS	Assessment of Communication and Interaction Skills
ACL	Allen Cognitive Test
ACOTE	Accreditation Council of Occupational Therapy Education (US)
ADD	attention deficit disorder
ADHD	attention deficit hyperactivity disorder
ADL	activities of daily living
AJOT	American Journal of Occupational Therapy
ALS	amyotrophic lateral sclerosis
AMA	against medical advice
AMPS	Assessment of Motor and Process Skills
AOTA	American Occupational Therapist Association
AOTF	American Occupational Therapist Foundation
APTA	American Physical Therapy Association
AROM	Active range of motion
ASROM	assistive range of motion
BADL	basic activities of daily living
BaFPE	Bay Area Functional Performance Evaluation
BAOT	British Association of Occupational Therapists
BC	Blue Cross
BID	twice a day
BILAT	bilateral
BM	bowel movement
BR	bedrest
CBR	complete bedrest
CE	continuing education
CEBLS	Comprehensive Evaluation of Basic Living Skills
CHT	certified hand therapist

CNS	central nervous system
CMOP	Canadian Model of Occupational Performance
COAD	chronic obstructive airways disease
COPM	Canadian Occupational Performance Measure
COTA	certified occupational therapy assistant
COTE	Comprehensive Occupational Therapy Evaluation
COTEC	Committee of the Occupational Therapists for the European Communities
CP	certified professional
CP	cerebral palsy
CPE	continuing professional education
CVA	cerebrovascular accident
CVA	cerebral vascular attack
d/c	discharge
DEP	dependent
DFF	directions for the future
DOB	date of birth
Doff	take off clothing
Don	put on clothing
DSM-IV	Diagnostic and Statistic Manual of Mental Disorders (4th ed.)
Dx	diagnosis
DZ	disease
ENOTHE	European Network of Occupational Therapy in Higher Education (Verband europäischer Ergotherapieschulen)
ENT	ear-nose-throat
EVAL	evaluation
EX	exercise
EXT	extension
F	female
FAOTA	Fellow of the Occupational Therapy Association
FH	family history
FIM	functional independence measure
FLEX	flexion
FOR	frame of reference
FWE	fieldwork experience
FWS	fieldwork supervisor

Fx	fracture
GER	gerontology
H&CP	hospital and community psychiatry
HEP	home exercise program
Hr.	hour
Hx	history
IEP	individualized education plan
IADL	instrumental activities of daily life
ICD	International Classification of Disease
ICIDH	International Classification of Impairments, Disabilities, and Handicaps
ICU	intensive care unit
ILC	independent living center
Indep	independent
JOTS	Journal of Occupational Therapy Students
KELS	Kohlman Evaluation of Living Skills
L&W	living and well
LAD	language acquisition device
Lat	lateral
LE	lower extremity
LOA	leave of absence
LOS	length of stay
LTC	long-term care
LTG	long-term goals
M	male
MCO	managed care organisations
MFT	muscle function test
MH	mental health
MMSE	Mini Mental State Exam
MMT	manual muscle testing
MOHO	Model of Human Occupation
MSQ	mental status questionnaire
N/A	not available, not applicable
NBCOT	National Board of Certification in Occupational Therapy (US)
NDT	Neurodevelopmental Treatment
NSG	nursing

OA	osteoarthritis
OBS	observation
OCAIRS	Occupational Case Analysis Interview and Rating Scale
OPD	outpatient department
OPHI-II	Occupational Performance History Interview - 2
OSA	Occupational Self Assessment
OT	occupational therapy, -ist
OTIP	occupational therapist in private practice
OTJR	Occupational Therapy Journal of Research
OTR	occupational therapist, registered
OTR/L	occupational therapist, registered/licensed
OTS	occupational therapy student
PD	physical disabilities
PE	physical examination
Ped	pediatric
PMR	physical medicine and rehabilitation
PO	by mouth
PRN	whenever necessary
PROM	passive range of motion
PROM	passive range of movement
PT	physical therapy / physical therapist
PTA	physical therapist assistant
PVE	prevocational evaluation
Px	physical examination
QA	quality assurance
qd	every day
qh	every hour
qn	every night
RA	rheumatoid arthritis
RC	rehabilitation counselor
Rehab	rehabilitation
RPT	registered physical therapist
RPTA	registered physical therapist assistant
Rx	prescription
SI	sensory integration
SIPT	Sensory Integration and Praxis Test

SLP	speech language pathologist
SOAP	Subjective Objective Assessment Planning
SOB	short of breath
SP	speech
STG	short term goals
STNR	symmetric tonic neck reflex,
Sx	symptom
TIA	transient ischemic attack
TOPS	test of playfulness skills
TQM	total quality management
Tx	treatment
Un	unable
VO	verbal order
VQ	Volitional Questionnaire
WBAT	weight bearing as tolerated
WC, W/C	wheelchair
WCPT	World Federation of Physical Therapists
WEIS	Work Environment Inventory Scale
WFOT	World Federation of Occupational Therapists
WHO	World Health Organization
Wk	week
WRI	Worker Role Interview
y/n	yes / no
y/o	years old
yrs	years

LITERATURREFERENZEN

Folgende Literatur wurde zur Erstellung der Übersetzungsliste verwendet:

AOTA, Uniform Terminology for Occupational Therapy - Third Edition. American Journal of Occupational Therapy, l994 (11), S. 1047-1054

Creek (1990): Occupational Therapy and Mental Health, Churchill-Livingstone

Dahlmann, M., Dehnhardt, B., Fischer, A., Marotzki, U., Mentrup, C., Reinhartz, S., Schlegtendal, M., Schwarz, M., Wittlich, M.: In World Federation of Occupational Therapists (ed.), Definitions of Occupational Therapy and WFOT-Glossary, Montreal 1998

Fisher, A.G., Murray, A.E., Bundy, A.C. (1991): Sensory Integration, Theory and Practice. F.A. Davies, Philadelphia

Florey, L. (l985): Reilly: An explanation of Play. In Clark, P. (Hrsg.): Occupational Therapy for Children. C.V. Mosby Company, St. Louis, Missouri

Hagedorn, R. (1995): Occupational Therapy. Perspectives and Processes. Churchill-Livingstone

Hagedorn, R. (1997): Foundations for Practice in Occupational Therapy, Churchill-Livingstone

Holloway, Elise (l990): Adaptation of Neonatal Intersive Care Units. In Merrill, S. (Hrsg.): Environment : Implications for Occupational Therapy Practice. AOTA, Baltimore, MD 21264-4949

Jacobs, K. (1997): Quick Reference Dictionary for Occupational Therapy, Slack Inc., Thorofare, NJ

Jones, D., Blair, S., Harterey, T., Jones, R. (1998): Sociology and Occupational Therapy, Churchill-Livingstone, Edinburgh / UK

Kielhofner, G. (1995): A model of Human Occupation. Williams & Wilkins, Baltimore

Le Granse, M. (1999): Das Modell anpassender Fertigkeiten von A.C. Mosey. In: Jerosch-Herold, C., Marotzki, U., Hack, B., Weber, P. (Hg.): Konzeptionelle Modelle für die Praxis. Springer, Heidelberg

Mosey, A.C. (1986): Psychosocial Components of Occupational Therapy, Raven Press, New York

Reed, K., Sanderson, S.N. (1992): Concepts of Occupational Therapy. Williams & Wilkins

Reed, K. (1999): Modell persönlicher Anpassung durch Betätigung. In: Jerosch-Herold, C., Marotzki, U., Hack, B., Weber, P. (Hg.): Konzeptionelle Modelle für die Praxis. Springer, Heidelberg

Sabonis-Chafee, B., Hussey, S. (1998): Introduction to Occupational Therapy, Mosby, St. Louis / USA

Sumsion, T. (1999): Client-Centred Practice in Occupational Therapy, Churchill-Livingstone
Wilcock, A. (1998): An Occupational Perspective of Health, Slack, Thorofare / USA

Einzelne Begriffe wurden aus folgenden Büchern entnommen:

Aristotle (1985): Nicomachean ethics. Indianapolis, In: Hackett Publishing
Bekenky et al. (1986): Womans way of knowing. New York, Basic books
Gardner (1985): Frames of the mind: The theory of multiple intelligences. New York: Basic Books
Kestenbaum (1982): The humanity of the ill: Phenomenological perspectives. Knoxville: University of Tennessee Press
Mattingley, C., Fleming, M.H. (1994): Clinical Reasoning - Forms of Inquiry in a Therapeutic Practice. F.A. Davies, Philadelphia

Weitere empfehlenswerte Übersetzungsquellen:

Folgende Wörterbücher und Glossare können als Hilfe empfohlen werden, besonders wenn Begriffe aus ergotherapeutischen Nachbardisziplinen gesucht werden:

Medizin:

Uwe Henrik Peters: Wörterbuch der Psychiatrie und medizinischen Psychologie, 4. Auflage, Urban und Schwarzenberg, München 1990
W. Rempe-Baldin: Hexal Wörterbuch Medizin, Urban und Schwarzenberg, München 1995
P. Reuter & C. Reuter: Thieme Leximed Medical Dictionary English-German, Stuttgart, Thieme 1995
P. Reuter & C. Reuter: Thieme Leximed Medizinisches Wörterbuch Deutsch-Englisch, Stuttgart, Thieme, 1999
Pons Fachwörterbuch Medizin Englisch-Deutsch; Deutsch-Englisch, Ernst Klett Verlag, 1995

Psychologie:

Friedrich Dorsch, Hartmut Häcker et. al. (1994) Psychologisches Wörterbuch, Verlag Hans Huber, 12. Ausgabe
Werner D. Fröhlich (1998) Wörterbuch Psychologie, Deutscher Taschenbuchverlag, 22. Auflage
Uwe Henrik Peters (1990) Wörterbuch der Psychiatrie und medizinischen Psychologie, 4. Auflage, Urban und Schwarzenberg

Sonstige Print-Ressourcen

Koschnick, Wolfgang, J. (1995) Kompaktwörterbuch der Sozialwissenschaften. Bd. 1: Deutsch-Englisch, Bd. 2: Englisch-Deutsch, München, New Providence, London, Paris: K.G. Sauer-Verlag

Cowie, A., P. (ed.) Oxford Advanced Learner´s Dictionary of Current English. Oxford University Press

Internet-Ressourcen

http://allserv.rug.ac.be/~rvdstich/eugloss/welcome.html
European Multilingual Glossary of medical terms. Mehrsprachiges Wörterbuch technischer und medizinischer Begriffe, gefördert durch die Europäische Union.

http://eurodic.echo.lu/cgi-bin/edicbin/EuroDicWWW.pl
EURODICAUTOM – Das Sprachenlexikon der Europäischen Union.

http://www.healthfinder.gov/moretools/
Healthfinder dictionaries, libraries, online journals, databases. Sammlung von Wörterbüchern, online-Journals ect.

http://www.facstaff.bucknell.edu/rbeard/diction.html
On-line Dictionaries. Indexliste für 800 Wörterbücher in 160 Sprachen bis zum Sanskrit der Bucknell University.

http://www.onelook.com/browse.shtml#all_med
One-Look Online Dictionary List. Die Metasuchmaschine für Wörterbücher von One-Look. Indiziert über 500 Wörterbücher, davon allein 43 medizinische.

http://www.babylon.com/
Babylon – Freeware-Übersetzungsprogramm zum downloaden